关键在于落实

How to Carry it out

刘玉瑛
著

新华出版社

图书在版编目（CIP）数据

关键在于落实 / 刘玉瑛著. -- 修订本. -- 北京：新华出版社, 2016.12
ISBN 978-7-5166-2923-9

Ⅰ. ①关… Ⅱ. ①刘… Ⅲ. ①企业管理 Ⅳ.①F272

中国版本图书馆CIP数据核字(2016)第263179号

关键在于落实（修订本）
作　　者：刘玉瑛

选题策划：黄春峰　　**责任编辑：**赵怀志　沈文娟
责任印制：廖成华　　**责任校对：**刘保利
封面设计：左左工作室

出版发行：新华出版社
地　　址：北京石景山区京原路8号　　**邮　　编：**100040
网　　址：http://www.xinhuapub.com
经　　销：新华书店、新华出版社天猫旗舰店、京东旗舰店及各大网店
购书热线：010－63077122　　**中国新闻书店购书热线：**010－63072012

照　　排：臻美书装
印　　刷：河北鑫宏源印刷包装有限责任公司
成品尺寸：170mm×240mm
印　　张：15.25　　**字　　数：**170千字
版　　次：2017年4月第一版　　**印　　次：**2017年4月第一次印刷
书　　号：ISBN 978-7-5166-2923-9
定　　价：30.00元

前 言

2006年6月，新华出版社出版了我所撰写的《关键在于落实》一书。屈指算来，这本书现在已经出版了十年之久。这十年间，本书的出版有三个让我想不到：

第一个想不到，是读者会如此喜欢这本书。本书初次印刷，不到一周就告罄。随后，本书便成了国内少有的持续多年的畅销书品种。十年之间总计印刷了46次。

第二个想不到，是居然有人盗版本书。一次我到某部队讲课，该部队的一位领导拿来一摞书让我签名。我刚签了一本，就发现这是盗版书。我谴责盗版行为，但通过这种行为也让我看到了本书的市场价值。

第三个想不到，2011年3月1日，时任中央党校校长的习近平总书记在中央党校春季学期开学典礼上发表了题为“关键在于落实”的重要讲话，后来这一讲话刊载在2011年3月16日的《求是》杂志上。我写这第三个想不到，绝对没有攀附的意思，只是想说明习近平总书记对落实这一问题的重视。他在文章中还指出：

“反对空谈、强调实干、注重落实，是我们党的一个优良传统。”

时至今日，本书依旧是各大书店的畅销书品种。尽管该书一直畅销，但我认为，随着客观事物的发展，随着自己对一些问题认识的深入，我对落实这一问题又有了进一步的理解和较为深刻的看法，所以决定重新修订此书。新修订的《关键在于落实》一书，有以下几个特点：

首先，思想观点更为新颖。虽然修订前的《关键在于落实》不失新颖的观点，但修订后的《关键在于落实》新颖观点更是有所增加。这些观点能使读者得到启示，受到启迪。

其次，理论与实践结合更为紧密。落实也好，抓落实也罢，都既有理论问题，更有实践问题。基于这样的认知，修订前的《关键在于落实》就显现出理论紧密结合实际的特点，修订后的《关键在于落实》更是凸显这一特色。

第三，操作性更强。修订前的《关键在于落实》就有着一定的可操作性，修订后的《关键在于落实》更是在这方面做足了文章。比如，本书就为如何做一个落实型的员工和落实型领导提供了修炼的路径，为如何构建良好的落实文化提供了方法，为如何打造高效落实的团队提供了经验，等等。

人们常说，细节决定成败。这话没错。但成败的关键还在于落实。拿破仑曾经说过：“想得好是聪明，计划得好更聪明，做得好是最聪明又最好！”任何伟大的目标、伟大的计划，最终必然落实到行动上。如何落实？《关键在于落实》一书会为您提供一些建设性的意见。

在撰写本书的过程中，国内外相关问题的专家、学者所撰写的著作论文，给了我很大的启示，在此，我谨向他们致以诚挚的谢意。

同时，我还要对新华出版社的副总编辑黄春峰说一句“谢谢”。因为该书由他策划，而且，他为本书的“问世”重新修订，也付出了辛勤的劳动。

刘玉瑛

2016 年 10 月 1 日

目 录 CONTENTS

第3章 探寻落实不力的根源 / 21

做事要抓住根本。否则，舍本逐末，问题永远也不会得到根本解决。

第4章 做一个落实型的领导 / 35

其身正，不令而从；其身不正，虽令不从。想让群众做到的事情自己先做到。

第5章 做一个落实型的员工 / 57

组织的任务就是员工的工作，组织的困难就是员工责任，组织的要求就是员工的义务。用 100% 的热忱去做 1% 的事情。

第10章 落实要关注战略目标 / 135

确立战略目标，需要两个眼光：一个是世界的眼光，一个是历史的眼光。历史的眼光是知己，世界的眼光是知彼；历史的眼光发现经度，世界的眼光发现纬度。

第11章 落实到位须细节到位 / 143

成功离不开细节的积淀。细节虽“细”，但集腋能成裘，积土能成山。“细”中见精神，“细”中见功力。

第12章 落实的关键在执行力 / 157

心态决定状态，状态决定行为，行为决定结果。

第 1 章　诠释落实的真谛所在

把简单的事情千百遍都做对，就是不简单；把大家公认的非常容易的事情认真地做好，就是不容易。

落实，顾名思义，就是落到实处。把什么落到实处？其落实的对象非常广泛，既有党的理论路线方针，又有党章党规党纪；既有国家制定的宪法法律法规，又有国家制定的政策计划规划；既有上级部门部署的工作任务，也有本单位本部门确立的工作目标；既有领导的书面指导，也有领导的口头要求。

尽管这里罗列了一系列的落实对象，但仍然概括不了全部，不仅如此，仅仅这样理解“落实”也还是不够，因为“落实”这一概念，还有着更为深刻的内涵。

一、落实是一种观念

落实，首先是一种观念。为什么说“落实”是一种观念？因为观念支配行为，行为决定结果。一个人如果没有“落实”的观念，他怎么会有落实的行为？而没有落实的行为，又哪来落实的结果？

网络上曾经流传过一个故事，这个故事为“观念支配行为，行为决定结果”这种观点作了较为形象的解读：

两个农民外出打工。一个准备去上海，一个打算去北京。可是，在候车厅等车时，他们都改变了主意。因为他们听邻座的人议论说，上海人精明，外地人问路都收费；北京人厚道，见吃不上饭的人，不仅给馒头，还送旧衣服。

去上海的人想，还是北京好，挣不到钱也饿不死，幸亏还没有上车，不然就麻烦了；去北京的人想，还是上海好，给人带路都能挣钱，还有什么不能挣钱的？幸亏还没有上车，不然就失去了一次致富的机会。

于是，他们在退票时相遇了。原来要去北京的买了上海的车票，去上海的换了北京的车票。

去北京的人发现，北京真的不错。他初到北京一个月，什么都没干，竟然没有饿着，不仅银行大厅里的纯净水可以白喝，而且大商场里欢迎品尝的点心也可以白吃。

去上海的人发现，上海果然是一个可以发财致富的城市，干什么都可以赚钱。带路可以赚钱，看厕所可以赚钱，甚至弄一盆凉水让人洗脸也可以赚钱。

于是，到上海的第二天，他就凭着乡下人对泥土的感情和认识，在郊区的建筑工地装了10包含有沙子和树叶的土，然后以“花盆土”的名义，向搞不到泥土但又爱花的上海人兜售。

当天，他就在城郊间往返了 6 次，净赚了 50 元钱。一年后，凭着“花盆土”，他竟然在大上海拥有了一间小小的门面房。

在长年的奔波中，他又有了一个新的发现：一些商店楼面干净而招牌黑。他一打听才知道，原来，清洗公司只负责清洗楼面而不负责洗招牌。他立即抓住这一空当，办起了一个小型清洗公司。

不久，他的公司就有了 150 多名职工，业务也由上海发展到杭州和南京。

随后的一天，他坐火车去北京考察清洗市场的情况。在北京站，一个捡破烂的人把头伸进软卧车厢，向他要一个空啤酒瓶。

就在递啤酒瓶的时候，两个人都愣住了，因为五年前，他们曾经在退票处相遇。

这个故事是否真有其事，我无法考证；这个故事谁是原创，我也无法求证。但是，这个故事形象地说明了观念对结果的作用，所以本书冒昧引用，我在此向原作者致意并感谢。

事实上，任何一项工作任务的完成，任何一项制度的遵守，任何一项政策的实施，都是落实或抓落实的结果。

如果缺少落实的观念，忽视了落实，不抓落实，不去真正落实，那么，任何缜密的计划，任何完善的措施、任何正确的政策、任何严格的制度，都只能成为一纸空文。

如果缺少落实的观念，忽视了落实，不抓落实，不去真正落实，那么，任何创新的思路、任何重要的会议精神，都只能是画饼充饥。

如果缺少落实的观念，忽视了落实，不抓落实，不去真正落实，那么，任何辉煌的前景、任何宏伟的蓝图、任何理想的目标，都只能成为水中月、镜中花，不会最终成为现实。

正因为如此，马克思曾说：“一步实际运动比一打纲领更重要。”[1]邓小平讲过：“世界上的事都是干出来的，不干半点马列主义都没有。”习近平总书记强调：“关键在于落实”。

有一位哲人说：“世界上只有两种力量，一种是观念，一种是剑，但观念最终总是战胜剑。”观念能左右人们的思维和认识，能左右人们的行为和方式，并最终能左右目标和结果的差异。

作为党和政府的工作人员，我们要有效地完成党和人民交给我们的各项任务，要有效地完成上级领导机关部署给我们的各项工

1. 马克思：《给威·白拉克的信》，《马克思恩格斯选集》第三卷，人民出版社，1972年5月版，第3页。

作，实现全心全意为人民服务的宗旨，实现全面建成小康社会的宏伟目标，必须牢固地确立落实的观念。

作为企业员工，我们要有效地执行企业所制定的各项管理规章制度，将企业搞强做大，实现企业所预定的利润目标，必须牢固地确立落实的观念。

“落实”观念的确立，是落实的逻辑起点和落实的前提条件，有了这个逻辑起点和前提条件，我们才能转变认识，转变行为，时时刻刻想到落实，时时刻刻注意落实；才能不打折、不走样地去抓落实。

有人说，21 世纪是观念的世纪。谁转变了观念，谁就是赢家。如果我们在观念上还忽视落实，还轻视落实，那么，我们就要尽快转变这种观念，将不重视落实的观念转变到重视落实的观念上来。

确立了重视落实的观念，我们就等于迈出了落实的步伐，甚至可以说是在落实的道路上行走了一半。

二、落实是一种责任

落实，不仅是一种观念，还是一种责任。责任，就是分内应该做的事。“生活如契约，每个人都有着不可推脱的责任”（莎士比亚语）。“天下兴亡，匹夫有责”，是要为国家尽责；“一人做事，一人当”，是要为自己负责。

任何一位组织成员，都应该把组织所提出的辉煌的前景、理想的目标，当做自己的前景、目标来追求；都应该把组织所描绘的蓝图，当做自己的蓝图来描绘；都应该把组织所制定的计划、措施，当做自己所肩负的责任来实施；都应该把组织所制定的规章制度，当做对自己的严格要求来遵守。不能事不关己，高高挂起。

有了这种责任意识，我们才能不折不扣地贯彻落实上级组织所部署的各项工作任务，才能不畏任何艰难险阻，做好组织所分配的每一项工作。

中国第一艘核潜艇的诞生，就与聂荣臻元帅的这种责任意识分不开：

新中国成立初期，我国船舶工业的基础比较薄弱，技术也很落后。我国海岸线漫长，没有先进的舰艇是不行的。当时，主管国防工业科研工作的聂荣臻元帅，在得知核潜艇的重要作用后，决心为新中国建造自己的核潜艇。

1958 年 6 月，聂荣臻元帅以自己的名义起草了一份绝密报告：《关于开展研制导弹原子潜艇的报告》。这份报告很快得到了几位重要领导人的批示，毛泽东同志下决心：“核潜艇，一万年也要搞出来。”

1962 年，苏联撤走了所有的原子能专家，给研制工作带来了很大的困难。再加上当时正处于三年困难时期，国家没有力量同时支撑原子弹与核潜艇两个项目，于是，有关方面决定先搞原子弹，让核潜艇研制工作下马。

聂荣臻元帅当时表示，核潜艇工作必须坚持下去，不能下马。

在他的坚持下，这项工作终于得到了周恩来同志的支持，保留下来一个由 50 多人组成的核动力研究室，继续研究。

1967 年 6 月，“文化大革命”在全国蔓延开来，聂荣臻元帅和一大批老同志被诬为“二月逆流”，受到了林彪、江青一伙人的迫害。为了保证研究工作不被中断，聂荣臻元帅在北京民族饭店召开了由主要工程负责人参加的会议。他在会上说：“核潜艇工程是毛主席亲自批准的，中央集体研究决定的一项关系着国防建设的重要工程。任何人也没有资格，没有理由让它半途夭折！”在得知那些造反派对核潜艇研制工作横加干涉和阻挠后，他愤怒地大声说：“不要理他们！抓国防建设，何罪之有？就是戴手铐，核潜艇工程我也抓定了！”

尽管如此，在造反派的干扰下，核潜艇研制工作还是未能很好地开展。这时，为了能够使工作继续下去，不受影响，核潜艇工程办公室的同志们以中央军委的名义发了一个“特别公函”，说明了核潜艇工程的重要意义，并作出了几条任何人不得违反的规定，并把研制任务一个单位一个单位地落实下去。

当最后报请聂荣臻元帅审批的时候，尽管他被诬为“二月逆流”而正遭受压制和打击，可是，他没有顾忌，毫不犹豫地签发了这份“特别公函”。

有了这份“特别公函”，等于研制核潜艇成为了最高统帅部的指示，从而保证了核潜艇研制工作一直下去，没有再中断过。在聂荣臻元帅的带领下，我国终于在 1970 年将第一艘核潜艇研制成功。[1]

第一艘核潜艇研制成功，很大程度上来源于聂荣臻元帅的责任

1.《聂荣臻与中国第一艘核潜艇》，中国网，2006 年 8 月 3 日。

意识。正是因为这种责任意识，使得他能够不畏干扰，顶住压力，来落实核潜艇研制的工作任务。

明朝惨遭严嵩杀害的著名谏臣杨继盛，在临刑前写下自挽绝笔联“铁肩担道义，辣手著文章”。套用杨继盛的话讲，聂荣臻元帅是“铁肩担责任，无畏敢担当”。

在新的历史时期，更需要我们具有铁一般的肩膀，来担负起统筹推进“五位一体”总体布局和协调推进“四个全面”战略布局的重任，来担负起落实各项工作任务的重任。

“落实”虽然仅仅是两个字，但这两个字却是字字重千钧。因为它一端连着党和政府，一端连着人民群众；一端连着组织的命运，一端连着组织成员的成败；一端连着企业的兴衰，一端连着企业员工的生活。因此，不管是政府的工作人员，还是企事业单位的员工，每个人对此都必须有深刻的认识。

我们每个人都应该清楚，只要我们在岗位上工作，落实就是我们的责任。有责任就要有担当。

三、落实是一种意志

落实，说起来简单，但要真正以实际行动来实施计划，达成目标，却并非是一件容易的事情。它需要有坚持不懈的韧劲，需要有坚定不移的意志。

一天，古希腊著名哲学家苏格拉底在上课的时候，对他的学生们说：“从今天开始，我要求你们每天做一件最简单也是最容易做到的事情。就是每个人把胳膊尽量往前甩，然后再尽量往后甩。

总共甩 300 下。”

说着，苏格拉底做了一遍示范动作。然后问：“大家能做到吗？”

学生们笑着回答道，就这么简单的事情，有什么做不到的？

过了一个月，苏格拉底问学生们：“有多少同学每天坚持甩手 300 下？”有 90%的同学骄傲地举起了手。

又过了一个月，苏格拉底又问了同样的问题。这回，有 80%的同学自豪地举起了手。

一年过后，苏格拉底再一次问大家：“一年之前，我要求你们每人每天坚持甩手 300 下，请做到的举手？”结果，只有一个人举起了手。这个学生就是后来成为古希腊另一位大哲学家的柏拉图。

这个故事形象地说明了“落实是一种意志”这一判断。正像海尔总裁张瑞敏所言：“什么是不简单？能够把简单的事千百遍都做对，就是不简单；什么是不容易？能把大家公认的非常容易的事认真地做好，就是不容易。”

世上最容易的事是坚持，最难的事也是坚持。说它容易，是因为只要愿意做，任何人都能做到；说它难，是因为真正能坚持做到的，终究只是少数人。

坚持，是一种意志的较量。有了坚定的意志，才能把简单的事情千百万次地重复做好；有了坚定的意志，才能把大家公认的非常容易的事情认真地做好；有了坚定的意志，才能把决策真正地实践好，最终达到设定的目标和标准。

从一定意义上讲，落实，没有咬定青山不放松的劲头是不行的；

没有艰苦奋斗、不畏艰难的革命精神也是无济于事的。请看红军二万五千里长征中的一段故事：

1935年6月8日，中共中央和中央军委联合发出了《关于一、四方面军会合以开展新局面的战略任务的指示》。该指示指出："我军基本任务，是用一切努力，不顾一切困难，取得与四方面军直接会合。""我军必须以迅雷之势突破芦山、宝兴之线守敌，奇取懋功，控制小金流域于我手中，以为前进之枢纽。"

实现这个战略目标的关键，是要翻越海拔4900多米的夹金山。

夹金山终年积雪，空气稀薄，气候变化无常，人迹罕至。此时，指战员衣衫单薄，还有许多战士身带重伤。但坚强的红军战士，忍受着严寒，迈开双腿向雪山前进。毛泽东、朱德等领导同志身穿夹衣夹裤，手持木棍，带头走在队伍的前面。

攀登到半山时，气候突变，狂风挟着冰雹劈头盖脸打来。指战员们手拉着手，同狂风冰雹搏斗着。

快接近山顶了，空气越来越稀薄。指挥员们一个劲儿地告诉战士们，无论如何不能停下休息，停下休息非常危险。大家搀扶着，终于胜利翻过了大雪山。红一方面军与红四方面军于6月14日在懋功县胜利会师。

由上面的叙述我们不难看出，红军指战员如果没有坚强的意志，是无法落实中共中央和中央军委指示的，也是无法实现"取得与四方面军直接会合""奇取懋功，控制小金流域于我手中"的战略目标的。

四、落实是一种文化

提出落实是一种文化的理念，并不是思辨的结果，而是实践的需要。由此来解读“落实”，是从实际出发，深入思考在落实问题上存在的种种问题，以便探寻落实的有效对策。

落实为什么是一种文化？因为当所有的组织成员在头脑中都确立了落实的观念，对组织的任何一项制度、措施、政策、任务等，都能坚持不懈地贯彻落实，并且形成了一种落实的习惯时，落实也就成了一种文化。

落实作为一种文化，对组织成员起着内驱力的作用。如果一个组织内的绝大多数成员，都是说话的巨人，行动的矮子，那么，这个组织就不会有落实的文化氛围，而任何制度、措施、政策、任务在这里，都不会得到有效地落实。相反，如果一个组织内的绝大多数成员，都以落实为荣，以不落实为耻，那么，这个组织就会形成落实的文化氛围，而任何制度、措施、政策在这里，都会得到有效地落实。

有人说，如果告诉一个日本人，让他把碗洗六遍，他一定会不折不扣地这样做。而一个中国人可能洗五遍，甚至洗两遍。

这种说法，实质上折射出的是：日本具有落实的文化，而中国缺少这种文化。

我们必须承认，我们是一个缺少落实文化氛围的国度。对此，胡适先生早有洞察。在 20 世纪初，胡适先生就为此写过一篇很著名的“差不多先生传”。文章写道：

你知道中国最有名的人是谁？提起此人，人人皆晓，处处闻名，他姓差，名不多，是各省各县各村人氏。你一定见过他，一定听别人谈起他。差不多先生的名字天天挂在大家的口头上，因为他是中国全国人的代表。

差不多先生的相貌和你我都差不多。他有一双眼睛，但看得不很清楚；有两只耳朵，但听得不很分明；有鼻子和嘴，但他对于气味和口味都不很讲究；他的脑子也不小，但他的记性却不很精明，他的思想也不很细密。

他常常说："凡事只要差不多，就好了。何必太精明呢？"

他小的时候，他妈叫他去买红糖，他却买了白糖回来。他妈骂他，他摇摇头道："红糖白糖不是差不多吗？"

他在学堂的时候，先生问他："直隶省的西边是哪一省？"他说是陕西。先生说："错了。是山西，不是陕西。"他说："陕西同山西不是差不多吗？"

后来他在一个钱铺里做伙计，他也会写，也会算，只是总不精细，十字常常写成千字，千字常常写成十字。掌柜的生气了，常常骂他，他只是笑嘻嘻地赔小心道："千字比十字只多一小撇，不是差不多吗？"

有一天，他为了一件要紧的事，要搭火车到上海去。他从从容容地走到火车站，结果迟了两分钟，火车已开走了。他白瞪着眼，望着远远的火车上的煤烟，摇摇头道："只好明天再走了，今天走同明天走，也还差不多。可是火车公司，未免太认真了。8点

30 分开，同 8 点 32 分开，不是差不多吗？”他一面说，一面慢慢地走回家，心里总不很明白为什么火车不肯等他两分钟。

有一天，他忽然得一急病，赶快叫家人去请东街的汪大夫。家人急急忙忙地跑去，一时寻不着东街汪大夫，却把西街的牛医王大夫请来了。差不多先生病在床上，知道寻错了人，但病急了，身上痛苦，心里焦急，等不得了，心里想到：“好在王大夫同汪大夫也差不多，让他试试看吧。”于是这位牛医王大夫走近床前，用医牛的法子给差不多先生治病。不上一点钟，差不多先生就一命呜呼了。

差不多先生差不多要死的时候，一口气断断续续地说道：“活人同死人也差……差……差……不多……凡是只要……差……差……不多……就……好了……何……何……必……太……太认真呢？”他说完这句格言，方才绝气。

他死后，大家都很称赞差不多先生样样事情看得破，想得通，大家都说他一生不肯认真，不肯算账，不肯计较，真是一位有德行的人，于是大家给他取个死后的法号，叫他做圆通大师。

后来，他的声名越传越远，越久越大。无数人都学他的榜样。于是人人都成了一个差不多先生——然而中国从此就成了一个懒人国了。

历史的车轮虽然已经走进了 21 世纪，但胡适先生小说中的人物“差不多先生”，还依然有着旺盛的“活力”和“生命力”。现如今，随处可见的差不多和不到位；无处不在的浅尝辄止和虎头蛇尾。满足于一般号召，缺乏具体指导；遇事推诿扯皮，办事不讲效率，等等，不一而足。

“差不多先生”虽然生在不同的时代，而且表现形式有所不同，但其本质是一样的，就是做事不到位，忽视落实，轻视落实。

在当今的时代，这种忽视落实、轻视落实的文化氛围必须加以改变。因为我们正处在激烈的国际竞争环境中，任何拖沓，任何缺位，任何延误，都将使我们丧失机遇，贻误战机，并最终导致失败。因此，我们必须努力营造一种人人讲落实，人人重落实的文化氛围。否则，就会被时代的列车所抛弃。这种忧患意识应该根植于我们每一位组织成员的头脑中。

我们每一位组织成员都不要忘记：现在落实工作任务不努力，将来就要努力去找工作任务。

第 2 章　点击落实的现实意义

奋始怠终，修业之贼；
抓而不实，等于不抓。

我们正处于一个急剧竞争的时代。在竞争的时代，政府部门怎样在竞争中处于领先地位？企业集团怎样在竞争中取胜？组织成员怎样在竞争中脱颖而出？答案是：落实，不折不扣地落实。

实践证明，落实是决策的落脚点。落实就是竞争力，落实就是生产力，落实就是创造力，落实就是战斗力。

一、落实就是竞争力

网络上流传过这样一个故事：两个人一道去郊区旅游，在森林中遇到了老虎。这时，甲弯腰去换旅游鞋。乙说，你换旅游鞋也没有老虎跑得快。甲说，我并不想快过老虎，只想快过你。

乙没有惊慌，脱掉鞋子爬到了树上。由于老虎不会上树，所以换上旅游鞋的甲最终被老虎吃掉了。

故事中，乙之所以没有被老虎吃掉，是因为他有上树的绝招。

在竞争的时代，任何组织、任何组织成员要想在激烈的国际、国内、单位内部的竞争中不被“老虎”吃掉，永远立于不败之地，都必须有绝招。“落实”，就是一个有效的绝招。

为什么北京的中国人民大学附属中学能在国内中学中处于领先地位？答案是“落实”。因为落实，他们有了超越竞争对手的内在能力，这种能力就是竞争力。

曾任中国人民大学附属中学的校长刘彭芝曾说过这样一段话：“校长抓工作，着眼点和着力点均应放在两头。一头是事前出思路、做计划、定目标，另一头就是事后检查抓落实。奋始怠终，修业之贼；

抓而不实，等于不抓。抓落实，是务实的重要体现，是当好校长的重要条件。世界名校是干出来的，不是说出来的。”[1]

正是基于这样的认识，1997 年 6 月，刘彭芝校长在人大附中确立了“国内领先，国际一流，创世界名校”的发展目标，并围绕这个目标统一思想后，就把全部精力用在了抓落实上。

比如，刘彭芝担任了人大附中的校长之后，她首先考虑的就是领导班子的建设。她说：“一张蓝图干到底，关键因素在于人。我最为关注的是如何为人大附中打造一颗奔腾不息的‘芯’，以把创办世界一流学校变成创办百年不衰的世界一流学校。”[2]

1998 年，人大附中的校级干部平均年龄 52.4 岁，本科以上学历者仅占 40%。

到 2004 年，人大附中领导班子的结构已经彻底改观：平均年龄由 1998 年的 52.4 岁降为 45 岁。

本科以上学历由 1998 年的 40%上升为 100%，其中研究生以上学历占 33.3%，博士和硕士各为 16.7%。

中学高级教师以上专业技术职称者为 100%，其中教授和特级教师占 66.7%。[3]

这从一个侧面，让我们看到了人大附中的领导班子建设工作得到了有效的落实。也正是因为有了这一强有力的领导班子，才使得人大附中正在逐步实现他们的发展目标。

---

1. 刘彭芝：《人生为一大事而来》，高等教育出版社，2004 年 9 月版，第 33 页。
2. 刘彭芝：《人生为一大事而来》，高等教育出版社，2004 年 9 月版，第 35 页。
3. 刘彭芝：《人生为一大事而来》，高等教育出版社，2004 年 9 月版，第 36 页。

二、落实就是生产力

有这样一个寓言故事：耶稣带着他的门徒彼得远行。途中，他们发现了一块破烂的马蹄铁。

耶稣让彼得把这块马蹄铁捡起来，但彼得懒得弯腰，假装没有听见。

耶稣自己弯腰捡起了马蹄铁，用它在铁匠那儿换来 3 文钱，并用这些钱买了 18 颗樱桃。

出了城，师徒二人继续前行。他们经过的是茫茫荒野，土地干涸。耶稣猜到彼得渴得厉害，就把藏在袖子里的樱桃悄悄地掉出一颗。彼得一见樱桃，赶紧捡起来把它吃掉。

耶稣边走边“掉”樱桃，彼得也就只得费力地弯了 18 次腰。

耶稣笑着对彼得说：“如果一开始你能按我要求的做，你只要开始时弯一次腰就行了，就不会在后来没完没了地弯腰了。”

彼得因为没有按照耶稣的要求去做，所以给自己带来了很大的麻烦，不得不弯腰 18 次。如果他一开始就能“落实”耶稣的指示，他只要弯下一次腰就行了。

这个故事可以给我们深刻的启迪：落实出生产力，落实出效率出效益，落实是一切正确决策的落脚点。

做出了正确的决策，事情只是完成了一半，另一半而且是更重要的一半，就是落实。没有落实，再好的决策，也是水上的文字；再好的“樱桃”，也只能是“望梅止渴”。

三、落实就是创造力

落实是需要创造的。上级的决策往往具有普遍性，是对全局提出的要求。作为下级部门在贯彻落实的时候，如果照搬照抄，不能具体问题具体分析，创造性地来贯彻落实，就很可能出现偏差。从某种意义上讲，落实决策、落实工作任务的过程，实际上就是创造的过程。

第一，党的方针、政策，上级机关和管理层的工作部署，主要是从全局考虑的，着眼于事物的共性，而不同的地方、不同的部门，有着不同的主、客观条件，因此，有效落实，就需要把上级的宏观政策同本单位的微观实际结合起来。把上级的宏观政策同本单位的微观实际结合起来，就需要创造，而不能简单地机械照搬。

第二，从决策到落实总是有时间距离的。不仅如此，在落实决策的过程中，还必然会遇到客观环境的变化，遇到一些影响落实的干扰因素，遇到一些需要解决的突出问题。换一句话讲，落实的过程，就是一个不断发现问题、解决问题的过程。解决问题，就要创造出新的方法，才能开拓出一片新的天地。

四、落实就是战斗力

1815 年的春天，被放逐到厄尔巴岛的拿破仑回到了巴黎。他东山再起，很快就将整个法国的政权重新掌握在了自己的手里。

获悉这一消息，欧洲各国的君主如临大敌。他们立即组织了第七次反法同盟，希望能以最快的速度将拿破仑消灭掉。

拿破仑也不甘示弱，他迅速组织部队进行抵抗，并制定了战略部署。

根据制定的战略部署，法军要在俄奥联军到达之前以迅雷不及掩耳之势先将英普联军彻底歼灭掉。但是，这一正确的战略部署，却没有得到贯彻落实。

内伊元帅受命占领布鲁塞尔重要阵地以牵制英军。但是，他犹豫不决，行动迟缓，没能如期完成战斗任务。

后来，在双方激烈争夺时，拿破仑又命令内伊的属下戴尔隆军团由弗拉斯内向普军的侧后方开进，和主力部队一道对普军进行夹击，但戴尔隆对命令理解不清，错误地向法军后方的弗勒台开来，使这决定性的一击延误了近两个小时，从而使英普联军逃脱了被全歼的命运。

因此，史学家和军事评论家认为，法国滑铁卢战役之所以失败，主要是因为拿破仑既定的作战方案，没有被他的部下严格地执行和落实。如果他的部下能不折不扣地执行和落实他的战略部署，这段历史就该重写了。

历史证明，落实就是战斗力。不落实或落实不力，就会缺乏战斗力。一个缺乏战斗力的组织，是注定要失败的。拿破仑兵败滑铁卢，虽然是多种原因综合作用的结果，但对正确的战斗部署落实不力是一个非常重要的原因。

第 3 章　探寻落实不力的根源

做事要抓住根本。否则，舍本逐末，问题永远也不会得到根本解决。

一天，动物园的管理员发现袋鼠从笼子里跑了出来。于是，他们便开会讨论原因。

经过讨论，大家一致认为：袋鼠从笼子里跑出来的直接原因，是由于笼子的高度不够。

于是，他们决定把笼子的高度由原来的 10 米加高到 20 米。但是第二天，他们发现袋鼠还是跑到外面来。

他们将高度加高到了 30 米。没想到，他们又看到袋鼠全都跑到了外面。管理员们很紧张，他们准备将笼子的高度加高到 100 米。

正当管理员们紧锣密鼓地准备加高笼子时，长颈鹿来和袋鼠们闲聊。长颈鹿问袋鼠："你们看，这些人会不会再继续加高你们的笼子？"袋鼠说："很难说。如果他们还继续忘记关门的话！"

这个寓言故事说明：做事要抓住根本。否则，舍本逐末，问题永远也得不到根本解决。

落实也是如此。必须要探寻落实不力的根源，这样，我们才能抓住问题的症结所在，以便对症下药，真正抓好落实。

为什么落实不力？《关键在于落实》一书初版时，一位老领导曾经给这本书写过书评。书评中，他用精练的语言概括总结了落实不力的主要原因："要不要落实，是个认识问题；会不会落实，是个方法问题；敢不敢落实，是个利益问题；能不能坚持落实，是个制度体制问题。"对他的这段归纳概括，我深以为然。再具体分析，落实不力的根源主要表现在以下几个方面：

一、组织成员缺乏强烈的落实意识

中国著名思想家、哲学家梁漱溟先生曾经说过，中国文化是一个“理想自理想，现实自现实，终古为一不落实的文化”。

梁漱溟的话绝对不是空穴来风。从春秋战国时天马行空般的论辩，到魏晋盛行的清谈之风，无一不是这种不落实文化的反映。

这种不落实的文化，对后世有着很深远的影响。以至于我们现在的许多人根本就没有落实的意识，更何况强烈的落实意识。

所谓落实的意识，就是落实的观念深入人的内心，并外化为自觉的行动。有一位领导干部讲，他在某县担任县委书记时，给县委办公室的一位同志布置了一项工作。过几天，他去询问这位干部，这项工作落实了没有，结果，这位干部瞪大了吃惊的眼睛问：“您还没忘？过去给我布置工作的干部，我没落实，他早就忘了。”我们看，不管是接到工作任务不去落实的干部，还是部署下工作任务不去检查是否落实的干部，缺少的都是落实的意识。正因为我们许多人缺少落实的意识，所以，有任务不完成，有制度不遵守，有规则不遵循的现象屡见不鲜。

说到有制度不遵守，有规则不遵循，媒体上曾经登载过这样一个故事：

有一位在美国留学的中国学生，交了个美国女朋友。一天傍晚，他跟女朋友开车进城。走在十字路口，红灯亮了，他看看左右没有警察，路口也没有摄像头，就开着车闯过了红灯。晚上回家之后，女朋友收拾好自己的东西要离开他。他不解地问：“你为什么要离开我？”女朋友回答：“你连红灯都敢闯，还有什么不敢干的？”

这位留学生学成归国之后，结识了一位中国姑娘。接受在美国的教训，他在过马路时，再也不敢闯红灯。有一天，他跟女朋友上街，遇到了在美国相似的情况。面对红灯，虽然没有警察、没有摄像头，他依然等待在路口。女朋友说：“等什么呢，等菜呢。赶紧开过去。”他看了一眼女朋友，没理会，一直坚持到绿灯亮了才开过去。晚上回到家，女朋友也跟他吹了。他奇怪地问：“你怎么也跟我吹了？”中国女友对他说：“你连红灯都不敢闯，还能干什么？”

这个故事是真是假，我无法判定，但这个故事无论真假都形象地说明有落实意识和没有落实意识的不同。一个具有落实意识的人，不管是否具有外力推动，是否具有外力监督，他都会一丝不苟地按照规则、制度要求去做；而一个没有落实意识的人，则是在有外力推动、外力监督的情况下，可能会按照规则、制度要求去做，否则，就放任自流了。

在现实工作中，组织成员缺乏强烈的落实意识，主要表现在以下几个方面：

第一，只重形式，不管实效。2011 年 3 月 1 日，时任中央党校校长的习近平总书记在中央党校春季学期开学典礼上发表了题为“关键在于落实”的重要讲话。在讲话中，他引述了一副对联来批评这种现象。他说：“有一副对联，上联是‘你开会我开会大家都开会’，下联是‘你发文我发文大家都发文’，横批是‘谁来落实’，这是对‘文山会海’的讽刺。开会是为了了解情况、倾听意见、集思广益，发现矛盾、分析矛盾、解决矛盾；制定文件，是为开展和落实各项工作提供遵循和依据。因此，开会和发文件是必要的，也是工作的重要环节。但是会议精神和文件再好，如果不落实，仍会劳而无功。”

就目前情况而言，一些单位和部门依然存在着像习近平总书记当年引述的那副对联所描述的情况。

第二，抓而不紧，抓而不实。现实工作中，我们不难发现，一些组织成员也抓工作落实，但是抓而不紧，抓而不实，所以工作任务还是不能有效地落实好。比如，一些人部署工作时，雷声大；落实工作时，雨点小。工作虎头蛇尾，有始无终。热衷于搞“达标活动”，表面上看轰轰烈烈，热热闹闹，而实际上没有解决什么根本的问题。

要知道，抓工作落实，不抓肯定不行，但抓而不紧、抓而不实也不行。正如毛泽东同志在《党委会的工作方法》中指出：“对主要工作不但一定要抓，而且一定要抓紧……抓而不紧，等于不抓。伸着巴掌，当然什么也抓不住，就是把手握起来，但是不握紧，样子像抓，还是抓不住东西。”

第三，遇事推诿，不负其责。古时候发生过这样一个故事：

某年，江苏泰兴县发生了蝗灾。县太爷不愿意承担责任，就报告他的顶头上司：“本县过去从来没有发生过蝗灾，蝗虫是从我们的邻县如皋飞来的。”

随后，他又写了一封公函给如皋县的县令，让如皋县令差人捕捉蝗虫。

如皋县令见了公函，则大笔一挥回应道："蝗虫本是天灾，并非县官无才；即从我县飞去，还请贵县押来。"

这位泰兴县令是典型的遇事推诿，不负其责的官员。正是由于他的推诿和不负其责，导致了当地蝗虫泛滥成灾。

事实上，当今社会也不乏"泰兴县令"，2010 年 8 月 18 日的《新华日报》就曾经报道过这样一件事情：

7 月 24 日中午，一辆外地卡车从 NT 市区交通要道口经过时，意外坠落一块楼板。

当日 12 时 47 分，"12345"值班人员接到一个求助电话：在市区长江南路五山公寓路口西侧快车道上，有一整块楼板横在马路上，存在明显事故隐患，请有关部门迅速到现场处置。

在核实准确方位的基础上，"热线"紧急"派单"到城管部门，但城管回应称"整块楼板不好处理，城建部门应该可以处理"。于是，"派单"电话打到城建热线。城建热线一位戴姓值班干部反馈：按职责此事属于城管。第三次电话通知城管后，一位姓王的先生称因没有器械将楼板抬起，还是应该由城建部门处理。6 轮互推后，"皮球"被踢给了环卫部门，该部门一位姓金的班长回复，环卫只能清理路面小型抛撒物，由于该楼板体积较大属于路面障碍物，已超出他们可清理的范围。

这样的"皮球"一踢就是 4 天。到 28 日，楼板还躺在路上无人问津。无奈之下，"热线"的第 8 个电话打给了公安 110。公安迅速回复：民警已及时设立了警示标志，并正在处理。随后把楼板从路面移到了绿化带内，但如需彻底清障，需要其他部门配合。

“处理这件事情的经过，让我们筋疲力尽。”一位“热线”工作人员说，“我们实在不知怎么向市民解释。”

记者在调查中了解到，这些部门没有一家口头上不高度“重视”的，而且，还把这种“重视”体现到“行动”上。公安部门提供的现场监控录像显示：在4天“热线”交办过程中，有关部门也曾派人实地“察看”。然而，镜头中相关单位“领导”仅仅是在事发现场东瞧瞧、西望望，指指点点，然后什么表示也没有就走了。如此这般，先后有三拨人马来过。

28日下午，该市信访局和政府服务热线的工作人员不放心，专门赶到现场看办理结果发现，被公安移到绿化带内的楼板已被搬走。经打听得知，绿化带中的楼板原来还是附近一女店主自掏腰包请人搬走的。这位不肯透露姓名的热心市民说，这部门、那单位，来了好几拨，东指指，西点点，就是不动手。我一想，算了，自己出点钱请人帮个忙，以免不知情的人脚下不注意撞上去。

8月5日，NT市信访局主持“关于一块楼板处置过程”情况通报会，令人大跌眼镜的是，相关部门不仅不检讨，反而拿出政府赋予的职责权限文件“振振有词”表白责不在己。

这篇报道的基本线索是：市政府服务热线接到电话：有一整块楼板坠落横在马路上，存在明显事故隐患。于是，热线开始处理：城管称“城建部门应该可以处理”，城建称“按职责属于城管”，环卫称“已超出他们可清理范围”，公安称“正在处理，彻底清障还需其他部门配合”。“皮球”踢了4天，最后有群众自掏腰包请人搬走楼板。事后，相关部门还拿出政府赋予的职责权限文件，称“责不在己”。

真的是“力量不足、需要配合”？真的是“责不在己”？显而易见，不是权限问题、能力问题，而是作风问题，是责任心问题。一些人没有责任心，遇到问题能推则推，能躲则躲，能将就则将就；有风险的工作不愿干，有困难的工作不去干，得罪人的工作不想干，在其位不能谋其政。

二、组织内部缺乏有效的落实机制

不落实或落实不力的另一个重要的原因，是组织内部缺少有效的保证落实的机制。这主要表现在以下三个方面：

第一，缺乏落实的目标责任制度。有效的落实机制，必须是任务到人，责任到人。正像邓小平同志所强调的：“任何一项任务、一个建设项目，都要实行定任务、定人员、定数量、定质量、定时间等几定制度。”[1]但是，我们的许多组织却缺乏这种有效的落实机制。因此，布置工作责任不明确、不细化，不能到岗到人；干工作推诿扯皮，敷衍塞责，“甲让乙处理，乙叫丙合计，丙请丁斟酌，丁等甲审批”；检查工作走马观花，甚至是只部署、安排，不检查，干好干坏一个样。结果，落实成了一句空话。

第二，缺乏落实的监督检查制度。有些地区、单位和部门，工作任务虽然安排了，工作目标虽然也确定了，但是否完成，完成得怎么样，却没有人去检查，没有人去监督，一些领导者只习惯

1.《邓小平文选》第2卷，第151页，北京：人民出版社，1994年版。

于坐在办公室里进行“遥控”指挥，靠打电话、看材料、听汇报等进行抽象指导，而不深入到基层去检查、监督，落实任务的人完全处于放任自流的状态。这都是缺乏监督、检查制度的表现。

第三，缺乏落实的奖惩追责制度。落实的奖惩、追责制度，是保证落实的有效手段。如果缺乏这种机制，任务落实得好的人，由于得不到表奖，会挫伤了他们工作的积极性；落实任务不好的人，由于没有受到惩处、追究，会助长他们工作的消极性。

道理是非常明显的。但在实践中，有的组织却缺乏这种机制；有的组织虽然制定了相关的制度，但却不能有效地执行。对不干事、干不成事的人不问责，不追究，不惩处；对能干事，干成事的人不表奖。结果，影响了工作任务的落实。

三、落实流程缺乏简约性过于烦琐

1988年3月12日，《经济日报》曾记载过这样一件事：上海宝山准备办一个规模不大的中外合资企业，从立项到签约，已经盖了126个图章，历时一年零三个月，跑了市内14个委办、19个局，但手续仍没办完，图章还要盖下去。

2011年9月2日《羊城晚报》报道，《广州市控制吸烟条例》实施后，城管部门自认处罚力度不够，处罚程序过于烦琐，一年只开四张罚单。

处罚程序究竟有多烦琐？办完一个案，至少四十天。

报道说，按照《控烟条例》规定，控烟执法程序必须经过警告、责令整改环节，拒不改正的，才可以实施处罚，执法人员在办案中，每一个环节中还必须有严格的现场检查、做调查笔录等基础性工作，一个完整的案件通常没有40至60天是无法办下来的；而多次的警告、责令整改，往返循环，既花费了执法人员大量时间，也起不到应有的震慑作用，这成为影响《控烟条例》执行效果的一个重要原因。

有人研究说，处理一个文件只需要7分钟，但耽搁在中间环节的时间却能多达4天。

有这样一篇讽刺文章：某单位申请添购一只普通水壶的报告，竟“旅行”了半年之久，而且最后还因各种批示矛盾、含糊，使下级无法具体执行。其过程是：

总务科副科长批“同意购买”；王科长批：“不同意购买”；办公室李主任和王主任只画了个圈；行管局孙副局长批：“要注意关心群众生活，应该添置”；钱副局长批：“一只水壶也要旅行，何其荒唐！不精简机构，不整顿作风，怎么行？建议以此为例，在干部中进行教育”；张局长批：“同意”。

局长到底同意哪种意见呢，申请者是丈二和尚摸不着头脑。

上述这些，都充分说明了流程的烦琐。这种烦琐的落实流程，最终让落实主体失去了耐心，从而影响了工作的落实。

烦琐的落实流程是产生官僚主义的罪魁祸首。革命导师列宁对官僚主义向来深恶痛绝。他曾大声疾呼：“共产党员成了官僚主义者，如果有什么东西会把我们毁掉的话，那就是这个。”他对官僚主义者的处理也绝不手软。

一次，几个农民为申诉地方政府非法征用他们的马匹，写了两封请愿书给人民委员会总务处。总务处把请愿书交给野总司令部动员委员会审查，动员委员会把信转给首都事务特别委员会，特别委员会又把请愿书退回人民委员会。并在信封上写道："工作太忙，根本没有工夫来管这些琐事。"这两封请愿书在三个机关转了三个星期，什么问题也没有解决。

列宁得知此事后，非常气愤，当即给国家监察部负责人写了一张便条，建议"把写这个批语的官僚逮捕起来"。

四、落实主体缺乏落实的有效方法

毛泽东同志曾经说过："我们不但要提出任务，而且要解决完成任务的方法问题。我们的任务是过河，但是没有桥或没有船就不能过。不解决桥或船的问题，过河就是一句空话。不解决方法问题，任务也只是瞎说一顿。"[1]

方法之于"落实"，就好像过河的船和桥一样的重要。因为"任何出色的战争，都是讲求方法的战争"。拿破仑的话道出的是真谛。事实上，任何高效、出色的落实，也都是讲求方法的落实。如果没有有效的方法，就会"播下的是龙种，收获的是跳蚤"。

下面我所亲身经历的事情就是对"播下的是龙种，收获的是跳蚤"的形象解读：

2009 年春季，我乘晚上的火车去某地讲课。在清晨火车快要到站时，我接到一位自称为小李的人的电话。他问我："您是刘

1.《毛泽东选集》第 1 卷，第 139 页，人民出版社，1991 年 6 月第 2 版。

教授吗？”我说：“是的。”他说：“您还有多长时间到站？”我回答：“半小时就到了。”他告诉我：“到站后，您出了站口就给我打电话，我就看到您了。”我以为他会举着接站牌，但又怕我老眼昏花看不到，让我给他打电话。

我带着高兴的心情，到站下车了。出了站口，我便开始寻找接我的站牌，但没有找到。我给这位小李打了电话，问他在哪里。他说：“抱歉，教授。我在停车场。您出了车站，向右拐，就到停车场了。”我按照他的指示，拖着箱子，来到这个停车场。但见不到接我的人。于是，我给他打电话，让他把车号告诉我。我按照他给的车号看遍了所有的车，也没有这个号。此时，我已经怀疑我们不在一个停车场了。结果，还真的如此。

当发现我们不在一个停车场之后，这位小李告诉我：“您出了这个停车场，往前走个七八十米再向北拐就到了停车场了。”说实话，听了他的“指示”，真的有些不高兴。我说：“我在北京就找不到北，在这还能找到北？咱们俩怎么跟地下党接头似的。别折腾了，你把你们单位的地址告诉我，我直接打车过去。”他说：“你别打车过去，我马上过去接你。”

过了一会儿，他气喘吁吁地来到我的面前。等把我接上车，他跟我商量：“教授，您到了我们单位，领导要问为什么来晚了，您一定别说这个过程。”我说：“为什么不能说过程？”他说：“您要说这个过程，领导非跟我急了不可。”

从他跟我商量的话，我们不难看出，他不是不想落实好接我的工作任务。如果不想落实的话，他不会怕领导急。但是，他在落实这项工作任务时不讲方法。他可以事先准备个接站牌子在站口等我；如果来车站晚了，他可以电话我，让我在车站口等他，他到车站口找我。结果，折腾了一个多小时彼此才“接上头”。

在具体工作中，像这种“播下的是龙种，收获的是跳蚤”的情形也是俯拾皆是。这主要是有些落实主体抓不住主要矛盾和矛盾的主要方面，不分轻重缓急，眉毛胡子一把抓；有的思路不多，遇到问题，老虎吃天，无从下口，即使知道从哪里下口，后续的措施也不得力。结果，是力气没少下，效果却不明显，落实也到不了位。

第 4 章　做一个落实型的领导

其身正，不令而从；其身不正，虽令不从。想让群众做到的事情自己先做到。

据媒体报道，国内有一家制药厂，准备引进外资，扩大生产规模。为此，他们邀请德国拜尔公司派代表来药厂进行考察。

在会客室，药厂的厂长同拜尔公司的代表初步达成了合作的意向。但在参观考察了制药车间之后，拜尔公司的代表却提出中止正在进行的谈判。

原来，这家药厂的厂长在陪同拜尔公司的代表考察制药车间时，随地吐了一口痰。这个场景被拜尔公司的代表看到了。他认为，制药车间对卫生有严格的要求，作为一厂之主的厂长尚且随意不遵守规定要求，其他的员工可想而知。与这样的制药厂合作，是无法保证产品质量的。于是，他果断地停止了与这家药厂的合作谈判。

这个故事能引起我们许多思考。其中一个重要的思考就是：落实，必须从领导做起。领导者必须成为落实型的领导，带头落实各项工作任务，带头落实各种规章制度。

一、想让群众做到的事情自己先做到

春秋时，齐桓公喜欢穿紫色的衣服，全国的人都为之风靡。结果导致了紫布价格的上涨，五匹白布竟然换不到一匹紫布。

桓公见社会风气与物价已有不正常的波动，就对管仲说："我喜欢穿紫色衣服，如今紫布变得特别昂贵，可是，全国的老百姓却不愿意改变这种风气，你看，我应该怎么办？"

管仲说，您为什么不试着不穿紫色衣服，并对身边的人讲，我近来非常讨厌紫衣的味道。如果刚好有人穿着紫衣来晋见，您一定要说，稍微往后退一点，我讨厌紫衣服的难闻气味。

齐桓公接受了管仲的建议。当天，宫中的侍从就没有一个穿紫色衣服的；第二天，都城之内的人没有人穿紫色衣服；第三天，全国境内也没有穿紫色衣服的了。

领导心理学研究证明，群众接受领导者的示范或暗示。由此言之，领导者如果要想让下属有落实的意识，要想构建落实型的团队组织，就必须以身作则。想让别人做到的事情自己先做到。

1799 年，法军从叙利亚向埃及撤退时，由于鼠疫猖獗，部队中患病的人较多，其他伤病员也不少。因此，拿破仑在撤退的命令中规定，把所有的骡马和车辆全部用来载运伤病员，全体高级将领都要徒步行军，不准有任何特殊。

当时，管理马匹的军官认为总司令应当例外，便去请示拿破仑留下哪一匹马。拿破仑很生气，大声喊道：“全体步行，我第一个先走。难道你不知道命令吗？”这个举动，迅速传遍全军，极大地激励了士气。

以身作则，能使组织成员的行为方式朝着领导目标的方向转变并发展，能增强组织成员的凝聚力，从而激发他们落实的力量。

为什么我们中华人民共和国能渡过“三年困难时期”的难关，一个非常重要的原因，就是我们的老一辈无产阶级革命家，以身作则，带头落实党的路线、方针、政策，给全国人民做出了榜样，鼓舞了全国人民的士气。这是大家同心同德的结果。

从 1959 年到 1961 年，由于“大跃进”和人民公社化运动中“左”

倾错误的一再发展，加上全国连续3年普遍遭灾，我国经济遇到了严重的困难。这段时间在共和国的历史上被称为“三年困难时期”。

三年的自然灾害是非常严重的。仅1960年秋，全国受旱面积就达到6亿多亩，水灾面积有1亿多亩，再加上虫、风、雹等灾害共约9亿多亩，占全国16亿亩耕地面积的一半以上。严重的自然灾害，使得1960年的粮食、棉花产量跌落到1951年的水平，油料跌落到新中国成立时的水平，轻工业生产也急剧下降。同1957年相比，1960年全国城乡人民平均粮食消费量减少了19.4%，其中农村人均消费量减少23.7%。植物油人均消费量减少23%，猪肉人均消费量减少70%。许多地区因食物严重缺乏而相当普遍地发生了浮肿病和其他疾病。如有个叫“武店”的公社，“竟有1034人浮肿，929人子宫下垂，3047人闭经，1016人干瘦”。[1]许多省份农村人口因饥饿而死亡增加，出生人口大幅度降低。据统计，1960年全国总人口减少1000多万。

在“三年困难时期”，党和人民面临着严重的经济困难和生存危机，年轻的中华人民共和国面临着巨大的考验。

中国共产党采取了一系列的措施，来带领全国人民克服困难，渡过难关。

因为粮食奇缺，所以，首要的措施，就是要求全国人民节约粮食。

1959年4月29日，毛泽东给省级、地级、县级、社级、队级

1. 肖冬连等著：《求索中国》，红旗出版社1999年9月版，第697页。

和小队级的各级同志写了一封信。信中谈了六个问题，其中第三个问题就是节约粮食问题。毛泽东指示，粮食问题，“要十分抓紧，按人定量，忙时多吃，闲时少吃，忙时吃干，闲时半干半稀，杂以番薯、青菜、萝卜、瓜豆、芋头之类。此事一定要十分抓紧。每年一定要把收割、保管、吃用三件事（收、管、吃）抓得很紧很紧，而且要抓得及时”。[1]

因此，中央人民政府将每个国民的口粮定量减到最低限度。中共中央紧急号召全体共产党员带头，国家干部带头。中南海首先勒紧了裤带。

中南海里，机关干部们吃粮重新定量，先由个人报斤数，再由群众公议评定。毛泽东自报的粮食定量是每月 26 斤。刘少奇报得最低，只有 18 斤。周恩来报了 24 斤。朱德和毛泽东一样，也是 26 斤。

在领袖们的带动下，中南海的工作人员们都把自己的粮食定量降了下来。

粮食少了，但胃口却没有缩小，人的身体仍然需要营养。为了解决这些矛盾，中南海里的炊事员们和广大干部们便采集一切可食的植物，和粮食掺和在一起吃，俗称“瓜菜代”。

中南海里，特别是沿着中南海的外墙，有不少榆树。在榆树长出嫩叶时，他们就把它采摘下来，和在面里蒸馒头。除了采摘榆树叶，他们还到地里挖野菜。只要是能吃的野菜，都上了他们的餐桌。

---

1. 毛泽东：《党内通信》（一九五九年四月二十九日），《毛泽东著作选读》下册，人民出版社 1986 年 8 月版，第 811 页。

“三年困难时期”，党中央始终想人民之所想，急人民之所急；始终与人民同甘共苦，不搞任何特殊。

1961年春节前，青海省委知道党中央机关生活艰苦，从青海湖打了2000多斤鳇鱼，送到国务院，说是给周恩来同志送鱼，并请周恩来同志转送党中央。

周恩来得知后立即指示：第一，这种做法是错误的。困难时期党中央应该和人民同甘共苦，不能接受这样的馈赠；第二，既然鱼已经送到北京，再返回耽搁可能腐烂，就由北京工商局按市场价格收购，随即在市场上出售。结果，中共中央机关和国务院一斤也没有留。

在领袖们的带领下，在全国人民的共同努力下，中华人民共和国渡过了“三年困难时期”的难关。

看来，想让群众做到的事情，领导者自己要先做到。领导者做到了，群众不会不做。大家同心同德，没有克服不了的困难，没有落实不了的工作任务。

二、善于发掘能把信送给加西亚的人

一百多年前的一天，美国总统麦金莱把一封有关战争的信交给了一位名叫安德鲁·罗文的中尉，要求他“必须把信送给加西亚……并且要独立完成任务”。

安德鲁·罗文把信送给了加西亚，并且为麦金莱总统带回了宝贵的情报，出色地完成了任务。尽管送信的途中困难重重，险象环生，但安德鲁·罗文却没有提出任何问题，只是忠诚地把信送给了加西亚。

这个故事随着出版家阿尔伯特·哈伯德的名篇《把信送给加西亚》而在世界各地广泛流传。

阿尔伯特·哈伯德认为，文明，就是充满渴望地寻找这种人才的漫长过程。在这位百年前的出版家眼中，一个组织要想成功，就是要寻找到把信送给加西亚的人，即具有主动性、责任感和忠诚的人。

做一个落实型的领导，不仅自己要以身作则，为下属树立落实的榜样。还要知人善任，寻找到具有主动性、责任感和忠诚的员工，并授权给他们，把他们凝聚在组织中，让他们尽职尽责地完成组织的任务，成为落实的骨干。

寻找到把信送给加西亚的人，不是一件容易的事。宋代文学家苏东坡就说过：“人之难知，海洋不足比其深，山谷不足喻其险，浮云不足拟其变。”

正因为“知人之难”，所以三国的人才学家刘邵在《人物志》里把“知人”归为最难得的才能。他说：“夫圣贤之所以美，莫美乎聪明；聪明之所以贵，莫贵乎知人。”并提出“知人者智”的论断，即知人是最大的聪明。领导者怎样才能培养自己的“最大的聪明”，寻找到把信送给加西亚的人呢？

第一，深刻认识知人善任对落实的重要性。古人云：“得人者得天下，失人者失天下。”古人还说：“国有三不祥：夫有贤而不知，一不祥；知而不用，二不祥；用而不任，三不祥。”“不祥”，就是不吉利，有衰亡的征兆。一个国家有人才而不识，识了人才又不用，虽然用了却不让他担当重任，有此“三不祥”，肯定不会兴旺。事实上，不仅国家这样，任何一个组织或团队都莫不如此。

实践证明，事业的兴衰，政权的兴亡，落实的与否，与人才有着非常密切的关系。正像诸葛亮所总结的：“亲贤臣，远小人，此先汉所以兴隆也；亲小人，远贤臣，此后汉所以倾颓也。”

人才，是落实的重要而关键的因素。确定了决策目标，部署了工作任务，制定了规章制度，如果没有人才来落实，都只能是纸上谈兵。可以说，知人善任，公道正派地选拔使用人才，是有效落实的组织保障。

第二，正确处理好四个方面的关系。领导者要做到知人善任，公道正派地使用人才，来为有效落实提供组织保障，必须处理好以下四个方面的关系：

其一，亲与贤的关系。“任人唯亲”和“任人唯贤”是两条对立的用人路线。它们的本质区别就在于用人为私，还是用人为公。

“任人唯亲”不可能得到真正的人才，而且还必然会形成以亲为贤，以媚为能，以家世资历为依凭的局面。其结果，只能是庸者掌权，媚者当政。

要做到“任人唯贤”，必须不徇私情，不讲情面，出以公心，唯德、才是举。前人为我们做出了很好的榜样：

唐开元七年，后备官员宋元超找到吏部，自称是当朝宰相宋璟的叔父，希望优待安排一个官职。

宋璟接到呈报以后，立即指示吏部：“此人系我叔父不假，他若不提与我关系，尚可公事公办。既已提起，岂不是走私人门径。

请取消其后备官员资格，令他回家老实耕种。”

结果，宋元超后备官员资格被取消，回家老实种地去了。

像宋璟这样在用人方面不徇私情、秉公办事的人不仅历史上有，现代也有。比如，朱镕基。在他到上海当市长时，他曾对时任上海纺织局党委副书记的侄子朱匡宇说：“匡宇，我在上海一天，你就不要想升官。”朱镕基果然说到做到，在上海的四年里，朱匡宇没有得到任何提拔。

其二，德与才的关系。在选才用人问题上，许多领导者最感困惑的问题，是如何处理好“德”与“才”的关系。事实上，正确处理“德”与“才”的关系，关键是要牢记“德才兼备，不求全责备”这九个字。

“德才兼备”是选拔使用人才的理想标准，按照这个标准选拔使用人才，一定能保证人才的质量。但在具体选才用人的实践中，每个人的“德”与“才”水平实际上是不平衡的，真正“德才兼备”的人恐怕为数不多。鲁迅先生就曾经幽默地说：“倘要完全的人，天下配活的人也就很有限。”因此，领导者在选拔使用人才时，不要一味地去追求“完人”“全才”，而是能够正确处理“德”与“才”的关系。一般来说，求“德”，要看大节，赦小过；求才，要看其是否能胜任本组织的工作，以及他是否比同层次的其他可选人员更胜一筹。

其三，长与短的关系。许多领导者常常感叹没有可用的人才。实际上，不是没有可用的人才，关键是他不大懂得用人的长短之道。如果他能懂得用人的长短之道，那么，组织里的人都是可用之才。

明朝吕楠在其《泾野子·内篇》中讲过这样一个故事：

一户人家有五个儿子，老大老实，老二机灵，老三眼瞎，老四驼背，老五腿瘸。这五个孩子，除了老大和老二，其他的都不健全。但他们的父亲却很懂得用人之道，扬长避短，扬长用短。他让老实的务农，机灵的经商，眼瞎的按摩，驼背的搓绳，腿瘸的纺线。结果各得其所，全家衣食无忧。

实际上，所谓人才，也有其擅长的特定领域。假如把他放置在他不熟悉的领域，优势就变成了劣势。正像清代诗人顾嗣协在《杂兴》诗中所写的："骏马能历险，力田不如牛。坚车能载重，渡河不如舟。舍长以就短，智者难为谋。生材贵适用，慎勿多苛求。"

下面这两句话值得记忆："垃圾是没有被利用的财富，庸人是放错了位置的人才"；"世上之人，各有所长，也皆有其短，只要能扬长避短，兼收并蓄，天下都是可用之人。"

其四，职与能的关系。职，就是职位；才，就是才能。正确处理职位与才能的关系，就是要求领导者在选拔任用人才时，要能"因事设人，量才任职"。这就是说，要先有职位后选人才，不能先选人而后设岗。而且，职务的高低和才能的大小必须一致。

人才只有得到了与自己的才能相适应的职位，才能充分发挥自己的聪明才智，把自己所承担的任务落实好。

一个合格的领导者会根据下属的能力合理安排下属在规定的时间内做好哪些工作。如果下属完不成，要么用人不当，要么任务超过下属的承受力。有一个故事：爸爸看电视，口渴，让三岁的儿子去给他弄杯水，结果，儿子把马桶里的水给他弄来了。因为儿子个子矮，没办法去拿暖瓶倒水。

第三，善于发掘潜在人才。千里马常有，而伯乐不常有。这句话的意思是说，千里马很多，但能发现千里马的人不多。一个落实型的领导就是要做这“不常有”的伯乐。列宁就是这“不常有”的伯乐。

在第八届苏维埃代表大会期间，列宁同其他代表一道唱歌。其中一位名叫阿法那西耶夫的代表给众人演唱了一首《田野里有一棵小白桦》的俄罗斯民歌。他的歌声受到了听众的热烈欢迎。列宁看到这种情形，高兴地走过去同他握手，并问他在哪儿学过唱歌。阿法那西耶夫告诉列宁，他没有学过声乐。

第二天会议休息时，列宁找到阿法那西耶夫交给他一封信，信是写给莫斯科音乐学院裴恩堡教授的。信中写道：“请您接见阿法那西耶夫，并听一听他的歌声。我建议接受他到音乐学院学习。致以衷心谢意。乌里扬诺夫·列宁。”后来，阿法那西耶夫成了著名的歌唱家。

领导者应该向列宁学习，注意发掘潜在人才，“处处留心皆人才”。那么，领导者如何发掘潜在人才呢？

其一，通过工作实绩发掘潜在人才。1929 年的一天，北平艺术学院院长徐悲鸿去看画展。一幅挂在展厅角落里的《河虾图》引起了他的注意。随同看展览的人告诉他，作者是一位年纪很大的木匠。徐悲鸿仔细地观察着那幅画，说道，没想到这里还藏着一位杰出的国画大师。几天以后，徐悲鸿力排众议，聘请齐白石为艺术学院教授。一年后，又亲自作序，推荐《齐白石画册》。

齐白石就这样被开发了出来，成为一代国画大师。

其二，通过人的行为举止发掘潜在人才。人的行为举止是无声的语言。它虽然无声，却能反映一个人的心灵，反映一个人的为人和道德品貌，体现一个人的素质修养、精神气质。尤其是人的下意识的行为举止所透露出来的信息，要比加工后的言语更能够直接、真实地表现一个人的心理活动和真实思想。这就为发现把信送给加西亚的人提供了一条重要的途径。据说，开发台湾有功的刘铭传就是被曾国藩通过这种途径发掘出来的。

一天，李鸿章带了三个人来请曾国藩任命差遣。当时，曾国藩正在饭后散步。他有饭后缓行三千步的习惯，所以那三个人就在一旁恭候。

散步之后，李鸿章请他接见那三个人，曾国藩却说不必了。李鸿章很惊讶。曾国藩告诉李鸿章："在散步时，那三个人的表现我都看过了。第一个人低着头不敢仰视，是一个忠厚的人，可以让他做保守的工作；第二个人喜欢弄虚作假。他在我面前很恭敬，等我一转身，他便左顾右盼，将来必定阳奉阴违，不能重用；第三个双目注视，始终挺立不动，他的功名将来不在你我之下，可以委以重任。"

后来，这三个人的仕途表现，果然不出曾国藩所料，而这第三个人就是刘铭传。

其三，通过人的智能发掘人才。实践证明，人才不是智慧超群，就是其技能胜人一筹，或者二者兼而有之。因此，通过人的智能发掘把信送给加西亚的人，不失为一条重要的途径。美国通用电气公司就是通过这条途径挖掘了一个难得的人才。

1923 年，美国福特公司一台大型电动机发生故障，不转动了。公司请所有的工程师会诊，但查了四个月也没有结果。后来，他们请来移居美国的德国人斯特曼斯。斯特曼斯来到电机旁，这里敲敲，那里看看，然后用粉笔在他认为有问题的地方画了一道杠。随后，他让福特公司的人打开电机，将线圈减少 17 圈。电机就这样修好了。

斯特曼斯向福特公司开价 1 万美元。福特手下的人嫌贵，画一条线居然要 1 万美元，太离谱了。斯特曼斯说，画一道杠收取 1 美元，知道在哪儿画这道杠收 9999 美元。福特公司只好照付。

消息传到美国通用电气公司，该公司决定出大价钱请斯特曼斯来公司任职，斯特曼斯拒绝了。通用电气公司爱才心切，居然将斯特曼斯所在的公司买了下来。斯特曼斯最终成了通用电气公司的职员。

其四，通过生活小节发掘人才。“积小节而成伟大。”一个看似不起眼的生活小节往往折射出一个人的品格、修养和工作态度。这就为领导者通过生活小节发掘把信送给加西亚的人提供了有效的途径。法国银行大王恰科就是通过一枚大头针而被发掘出来的。

恰科年轻时，先后 52 次到一家银行找董事长谋职，当他最后一次被拒绝后丧魂落魄地从银行走出时，他看见银行大门前的地上有一根大头针，便弯腰把它拾了起来。出乎意料的是，第二天，银行录用恰科的通知就来了。原来，就在他弯腰拾大头针的时候，他的行为被董事长看见了。董事长认为，如此精细小心有修养的人，还有什么大事干不成呢？

因为一根大头针的缘故，恰科得以进入银行界，后来成为银行大王。

三、正确授权给把信送给加西亚的人

第二次世界大战结束之后，有人曾经问艾森豪威尔：成功的领导公式应该是什么？这位联军的最高统帅给出了这样一个公式："授权＋赢得追随＋实现目标"。他认为，领导人必须获得部下毫无保留的支持。但这种支持不是靠威逼斥责，而是靠信任部属，把权力下授给他们而得来的。因此，在工作中，他尽可能把某些职权授予下属，让自己集中精力去做最重要的事。

艾森豪威尔所说的"权力下授"，就是授权，即领导者在做出科学决策之后，授予直接被领导者一定的权力，以便使被领导者能够相对独立、相对自主地开展有关方面的工作。

授权是领导者智慧和能力的扩展、延伸和放大，有利于领导者腾出时间，集中精力去议大事、抓协调、管全局，有利于增强下属的责任心，调动下属的积极性，更好地去落实组织部署的各项工作任务。那么，如何科学授权呢？科学授权必须明确以下四个原则：

第一，视能授权。视能授权，是根据被授权人的水平高低和能力大小来授权，而不是根据被授权人的地位高低和功劳的大小来授权，以使权力与能力相适应。

第二，责权统一。权责统一，是授权的一个重要原则。领导

者在授权时，一定要明责授权，做到权责一致。既不能让下级只承担义务和责任，而不提供权力保证，又不能只分配权力而不使其承担一定的义务和担负起一定的责任。正像有一句话所说的："有责无权责任负不了，责大权小责任负不好，责权对等才能干得好。"

第三，有效控制。授权不是放任不管。领导者在授权的同时，一定要明确工作准则，即考核方法、报告制度、监督办法等，对偏离领导工作目标的行为一定要做到有效控制。否则，就会出现放弃职权的现象。

明朝时，皇帝朱由校把大权交给了魏忠贤。每当魏忠贤向他奏事时，朱由校总是说："你看着办吧，怎么办都行！"结果，导致魏忠贤遍设锦衣卫，肆无忌惮地杀戮重臣名将，造成了大批冤狱。

第四，信任下属。授权的前提是要信任下属，用人不疑。如果领导者对下属不信任，他就不敢授权于下属。诸葛亮的教训是值得记取的。

刘备死后，诸葛亮担心别人不尽忠职守，立了一条"罚二十以上皆亲览"的制度，事无巨细，一概由自己处理。有人曾经劝他："治家之道，在于各司其职，如果凡事家主必躬亲，将形疲神困，终无一成。"但是，诸葛亮没有接受这一劝告，他说："吾非不知，但受先帝托孤之重，唯恐他人不似我尽心也！"

于是，他"寝不安席，食不甘味"，"夙夜忧叹"，结果，刚到54岁就去世了，留下了"出师未捷身先死"的遗恨。

四、合理地使用把信送给加西亚的人

一个落实型的领导，不仅要善于发现人才，更要合理地使用人才。这样，才能把人才留住，让人才成为落实的主体。合理使用人才，需要注意以下几个方面的问题：

第一，用当其时。用当其时，是使用人才要抓住最佳的时机。人的才能和人自身一样，从萌发到鼎盛再到衰退，整个过程是一个抛物线过程。在抛物线的顶峰，即30—45岁之间，精力旺盛，思维敏捷。应当适时“起用”他。而不要因为论资排辈的原因，让他成为“大器晚成”的说辞。

第二，用当其位。用当其位，是要把人才放到适合他的能力发挥的位置上，不要乱点鸳鸯谱。例如：

某家医院，有位医术很高超的心血管医生，被某领导看中，推荐他当了卫生局的局长。结果，局长工作没做好，他的医术也无用武之地了。所以，用才未必就得当领导，提拔未必就是重用。关键是要把人才放在适合他发挥能力的位置上。因此，我在一篇文章中说了这样一段话：“如果哪位领导让有交际能力的人扫厕所，让有开拓精神的人守仓库，那这位领导就是‘乔太守’”。

第三，用其所长。用其所长，是使用人才时要扬长避短。这就如唐太宗在《帝范·审官篇》中所说的：“智者取其谋，愚者取其力，勇者取其威，怯者取其慎。”

唐朝著名文学家柳宗元曾经讲过这样一件事：一位木匠出身的人，连自己家的床坏了都不能修，可是他却自称能造房子。柳宗元将信将疑。

后来，柳宗元在一个很大的建筑工地上又见到了这位木匠。只见他发号施令，操持若定，众多工匠在他的指挥下各自奋力做事，有条不紊，井然有序。柳宗元为此很是感叹。

事实上，任何人都有长处有短处。成功的人都是将自己的长处发挥到极致，而尽可能地避其短处。领导者使用人才也要避其短处。避其短处并非是说不看或看不到其短处，而是想方设法限制他的短处，使他的短处不起作用，并弥补他的短处，以促使他的长处能够有效地发挥。

如何用人所长呢？关键是用人时要先看他能做什么，而不是先看职位要求什么，然后把两者结合起来。

第四，用其所愿。用其所愿，是领导在安排下属工作时，应该在可能的情况下，尽量考虑个人的意愿，并努力为他们提供必要的工作环境和条件，以此来推动他们进入最佳心理状态。

事实证明，用其所愿比靠行政命令强迫下属去从事某项工作，会获得更好的人才效益和组织效益。

五、用领导公信力来赢得下属的信服

落实，离不开领导公信力。因为当今是一个知识经济的时代。在知识经济时代，知识型员工是组织的核心。知识型员工具有一个重要的特点，就是独立自主意识强。不太喜欢被别人命令，而喜欢根据自己的意愿去做事。因此，要做一个落实型的领导者，就必须提升自身的领导公信力，通过领导公信力来赢得下属的信任，从而将工作落实到位。

所谓领导公信力，是指领导者在领导活动以及社会公共生活的过程中，所表现出来的能获得下属和社会公众认同、信任、追随的品质和本领。

提升领导公信力，具有不同的路径与方法，但以下这几点则是必须注意的：

第一，确立“以人为本”的领导理念。“以人为本”，就是要把人民群众的切身利益作为领导工作的出发点和落脚点。“以人为本”是科学发展观的实质和核心，也是领导公信力构建的主要途径。

确立“以人为本”的领导理念，不是一句简单的表述，它需要领导者用“以人为本”的思想来指导工作，并把它落实到领导工作中去。

第二，遵循“秉公用权”的行为准则。政治学告诉我们，政治社会中的权力一个显著的特征就是它的公共性。一切权力都是公共权力。权力的公共性，要求领导者必须秉公用权。

所谓秉公用权，就是要公正、公平、公道地使用权力。一些领导者之所以不被下属群众信任，原因虽然有多种，但领导者不能秉公用权是一个重要的原因。有的领导者是“不给好处不办事，给了好处乱办事”；“亲朋好友好办事，平头百姓难办事”。

事实证明，领导者用权不公，领导者公信力会流失；而领导者秉公用权，则会获得下属群众的信任、支持和拥护。

宋代著名思想家朱熹曾经说过这样一段话：“官无大小，凡事只是一个公。若公时，做得来也精彩。便若小官，人也望风畏服。若不公，便是宰相，做来做去，也只得个没下稍。”

的确，如果能够秉公用权，怎么做都精彩。即使是小官，人们也会望风畏服；如果用权不公，即使是做宰相，使尽各种手段和伎俩，百姓也不会心服。

第三，培养“真抓实干”的工作作风。工作靠真抓，事业靠实干。一个弄虚作假、光说不练的领导者是不能获得下属群众信任的。

事实说明，领导者要赢得下属群众的信任，必须具有真抓实干的工作作风。

“真抓实干”，是领导者高尚品格的体现，是领导者责任心、事业心的体现。朱镕基同志在九届全国人大三次会议的记者招待会上，曾经说过这么一段话：“我只希望在我卸任以后，全国人民能说一句，他是一个清官，不是贪官，我就很满足了。如果他们再慷慨一点，说朱镕基还是办了一点实事，我就谢天谢地了。”

朱镕基的这段话是非常感人的。感人之处在于：“做清官”与“办实事”。

第四，锤炼“诚实守信”的道德品质。古罗马的马奥维德曾经说过：“使一个人伟大，并不在于富裕和门第，而在于可贵的行为和高尚的品德。”

东汉科学家张衡说：“君子不患位之不尊，而患德之不崇。”中国古代先贤讲“修身、齐家、治国、平天下”，已把品德修养列为领导者的第一要素。领导者要提升公信力，也必须加强道德修养，尤其应该锤炼“诚实守信”的道德品质。

"诚实守信"的道德品质是领导者提升领导者公信力的基石。魏徵说："言而不行，言无信也；令而不从，令无诚也。不信之言，无诚之令，为上则败德，为下则危身。"鲁迅先生说："伟大的人格的素质，重要的是个'诚'字。"

事实证明，诚信是最为高尚的人格力量。一个具有诚信品质的领导者，才能受到下属群众的敬重，获得下属群众的追随。

第五，恪守"清正廉洁"的为政之本。清正廉洁，也是一种政治信用。"廉者，民之表也；贪者，民之贼也。"宋朝人包拯在《乞不用赃吏》中所写的这句话，明确地说明，廉洁者，是民众的表率；贪腐者，是民众的敌人。的确，"民不服我能，而服我公；民不畏我严，而畏我廉"。

1949年，当蒋介石反动政府行将崩溃之时，美国驻华大使司徒雷登对国民党的要员们说："共产党战胜你们的不是飞机大炮，而是廉洁，以及廉洁换得的民心。"

六、科学有效地给组织成员分配工作

要做一个落实型的领导，不仅要能用自身的公信力赢得下属的信任，将工作落实到位，还要能科学而有效地给组织成员分配工作，把合适的人放在合适的位置上，使之各得其位，提高工作效率，有效地促进工作落实。美国休斯飞机制造公司为此做了大量的工作，并获得了许多值得借鉴的经验。

休斯飞机制造公司经过5年的专题调查研究，提出了"有效分配工作的20条要求"。这些要求的贯彻，大大提升了企业的落实能力，从而使企业的生产效率进一步地提高。他们提出的有效分配工作的20条要求是：

（1）分配的工作要保证组织总目标的实现，同时，要使组织成员感觉到组织的关心、信任和支持。

（2）分配的工作要与组织成员的能力、兴趣和爱好相适合，避免人才的浪费。

（3）分配的工作要保证组织成员既能充分发挥现有的才能，同时，又能在工作中获得进一步发展的机会。

（4）分配的工作应该让组织成员在完成工作任务后，能产生出一种自己对组织做出贡献的优越感，从而得到心理上的满足。

（5）分配的工作要保证适量、适度。

（6）分配的工作不要划得太细，分得太散。

（7）分配的工作既要紧凑，又要切合实际，留有一定的余地。

（8）分配的工作要考虑为工作任务的承担者提供完成工作的一切必要的手段。

（9）分配工作要职责分明，范围清楚，并尽量避免中途有变。

（10）分配工作要着眼于最终成果，尽量给组织成员以更多的机会来制定自己完成工作任务的具体计划和方案。

（11）最关键的工作要分配给能力最强的人去做。

（12）难度较高的工作要分配给创新能力强的人去做，而避免将单调、琐碎和重复的工作交给他们。

（13）对专业技术人员，要尽量避免将非技术性的工作分配给他们去做。

（14）除了主管工作之外，对于某些关键人员，要尽可能给他们委任一些特殊的使命。

（15）组织成员所担负的工作任务要力求公平合理，以避免那些“总能完成任务”的人，负担过重。

（16）尽量避免将组织成员借调到外单位去工作，防止本人产生不安心工作的情绪。

（17）将具有不同个性的组织成员组成工作小组，以便取长补短，达到最佳的协作效果。

（18）有计划地对组织成员的工作进行定期地调换或扩大工作范围，以提高他们的工作能力。

（19）分配工作时，要保留充分的储备。

（20）分配工作时要能提供相应的劳动保护。[1]

---

1. 转引自朱兵：《第一流的管理》，中国发展出版社，1997 年 2 月第 1 版。

第 5 章　做一个落实型的员工

组织的任务就是员工的工作，组织的困难就是员工责任，组织的要求就是员工的义务。用 100% 的热忱去做 1%的事情。

落实党的路线方针政策，落实上级的指示精神，落实自身所在单位的规章制度，落实上级部署的各项工作任务，是每一位组织成员的责任和义务。因此，在一个组织中，不仅领导者要做一个落实型的领导，一般的工作者也要做一个落实型的员工。这样，落实才能真正到位。怎样才能做一个落实型的员工呢?

一、对工作永远怀有满腔的热忱

做一个落实型的员工，首要的准则，就是要对自己所担负的工作怀有满腔的热忱。

伟大人物对使命的热忱，可以谱写历史，甚至可以推进历史的进程。

法兰西第一帝国的创造者拿破仑·波拿巴，曾在新兴资产阶级几十万法郎的资助下，仅仅用了一个月的时间就做好了推翻波旁王朝督政府的准备工作。

1799 年 11 月 9 日，他成功地发动了“雾月政变”，夺取了法国政权。这位“马背上的皇帝”，一生打过几百次胜仗，粉碎了五次反法同盟的联合进攻，不仅保卫了法国大革命的主要成果，而且推动了整个欧洲从封建社会向资本主义社会过渡的进程。

拿破仑之所以能成为法兰西第一帝国的创造者，能推动整个欧洲从封建社会向资本主义社会过渡的进程，一个重要的原因，就是他对自身所肩负的“重要使命”怀有满腔的热忱。

普通人士对工作的热忱，可以改变他的人生轨迹，将他所拥有的梦想变为现实，使他从一般人变为巨人。

传奇式复印大王保罗·奥法里，在 1970 年还仅仅是美国加州大学圣巴巴拉分校旁一家名不见经传的“金考”复印店的小业主，其全部资产是一台复印机和 5000 美元贷款。但他却硬是凭着对出售商品的热忱，在不到 30 年的时间里，使“金考”快印成为一家在全世界拥有 1100 多家分店、25000 名员工的“复印王国”。该公司还在 1999 年、2000 年、2001 年连续三年被《财富》杂志评为“全美最适合工作的 100 家公司”之一。

保罗·奥法里小时候有阅读障碍症。二年级时，他在天主教学校学习，老师教授他朗读祈祷文。但是，几个月过去后，他别说朗读了，连字母都不认识，结果他二年级考试没及格。到了八九年级，他还是几乎不会阅读，高中毕业他在全校 1500 名学生中列倒数第八，在一次接受记者采访时，奥法里对记者说：“说实话，我真不知道那七个人的分数怎么会比我还低。”

阅读障碍症并没有让保罗·奥法里消沉，身为商人的儿子，他有着对出售商品的热忱。于是，他就用这种长处走上了创业的道路。正如他在一次演讲中所说的：“用自己的长处工作，而不是自己的短处。”他的“长处”就是对“出售商品的热忱”。

热忱是一种具有矢量性的精神力量，是人们奋斗的原动力。它可以调动人们积极主动工作的态度，有了这种态度，枯燥的工作会变得兴趣盎然；它可以帮助人们增添克服困难的勇气，有了这种勇气，即使是困难的工作，也会变得简单易做。

卓有成效的人，都是对工作怀有满腔热忱的人。他们能用

100%的热忱去做1%的事情，而不去计较那1%的事情的微不足道；他们能用100%的热忱去对待任何一项工作，而不去考虑那项工作的报酬如何。因为他相信，有耕耘必有收获；100%的热忱投入，一定能带来丰硕的果实。

作为一名员工，如果你想成为卓有成效的人，你就必须对工作怀有满腔的热忱。无论你面对的是任何一项工作，你都要以热忱的态度而不是以冷漠的态度来对待它。

态度热忱，会使你充满活力，工作会干得有声有色；态度冷漠，会使你垂头丧气，工作会干得黯然失色。请记住法国著名作家拉封丹所说的一句话：“无论做任何事情，都应遵循的原则是：追求高层次。你是第一流的，你应该有第一流的选择，在工作中加入‘热忱’两字。”

作为一名员工，如果你想成为受领导器重的人，你就必须以满腔的热忱对待领导安排的任何一项工作，而不是跟领导讨价还价。你应该知道，对于领导而言，他们需要的绝不是那种跟他讨价还价的下属，而是工作积极主动，勇挑重担的员工。

对工作的热忱是可以培养的。工作热忱的培养，主要靠自身的修炼。因此，你想对工作怀有满腔的热忱，你就应该时刻提醒自己，你正在从事的工作，是你最喜欢的工作，也是最有意义的一项工作。

当你对工作怀有满腔的热忱时，你就会发现，你的工作是那么的有意义，那么的有价值。与此同时，你的潜能会得到充分地调动，你的积极主动性会得到充分地发挥，你也会获得意想不到的收获。

当你对工作怀有满腔的热忱时，你就会发现，你的工作不再是一种负担，而是一种快乐的活动。为快乐的活动而工作，即使是最平凡的事情，也会变得意义非凡；即使是最简单的工作，你也不会掉以轻心。

记得有一位名人说过这样的话：“要想获得这个世界上最大的奖赏，你必须像最伟大的开拓者一样，将所拥有的梦想转化成为实现梦想而献身的热忱，以此来发展和销售自己的才能。”

这位名人的话说得很实在，也很直白。你想实现自己功成名就的梦想，发展自己的才华，让你的才华为世人所承认，你就得付出全部的热忱。

一个对工作没有热忱的员工难有可能高质量、高速度地完成组织分配的工作，更难有可能创造辉煌的业绩。所以，做一个落实型的员工，就必须要对工作永远怀有满腔的热忱。

二、要养成尽职尽责的做事风格

做一个落实型的员工，第二个准则，就是要养成尽职尽责的做事风格。

英国的一家报纸曾经刊登了一则招聘教师的广告。其中有这样一句话：“工作很轻松，但要全心投入，尽职尽责。”

不仅当教师需要全心投入，尽职尽责，做任何工作都需要全心投入，尽职尽责。这是成为落实型员工的一项基本要求。那么，如何“全心投入，尽职尽责”呢？

第一，要树立正确的职业观。正确的职业观是“全心投入，尽职尽责”的前提。北宋有一位诗人名叫张耒。他有感于邻家以卖饼为职业的孩子的辛勤，为儿子写下了一首诗。诗中有这样两句：“业无高卑志当坚，男儿有求安得闲！”

张耒在诗中明确表达了职业无高低贵贱之分的观点。这不仅在当时是难能可贵的，就是在今天对我们也有教育意义。

在我们社会主义社会中，职业只有分工的不同，没有高低贵贱之分。不管你是当科学家，还是做清洁工，抑或是当部长，都是为人民服务。国家主席刘少奇曾经握着掏粪工人时传祥的手说：“你当清洁工是人民的勤务员，我当主席也是人民的勤务员。”每一位组织成员都应该以正确的态度对待自己的岗位，对待自己的职业。

第二，要热爱自己的职业和岗位。作为员工，不论我们从事的是何种工作，我们都应该全身心地热爱，全身心地投入，对本职工作保持积极乐观的态度，保持高度负责、尽心竭力的精神，而不应该以自己对本职工作没兴趣为借口，得过且过；也不应该以本职工作经济效益低为托词，消极怠工。

有一位心理学家说过：“对一个喜欢自己的工作，并认为它很有价值的人来说，工作便成为生活中的一个十分愉快的部分。”的确，我们热爱自己的工作岗位，我们对工作就会表现出主动、认真的态度，工作就会成为我们生活的第一需要。一个连自己的职业和岗位都不热爱的人，是很难对工作全心投入，尽职尽责的。

美国著名思想家巴士卡里雅说过：“你在哪个位置，就应该热爱这个位置，因为这里就是你发展的起点。”只要我们对自己的工作出自内心的热爱，即使是在平凡的岗位上，我们也能创造出奇迹来。公交行业的楷模李素丽就是一个很好的榜样。

落实型的员工应该培养自己干一行、爱一行的精神。只有干一行、爱一行，才能认认真真“钻一行”，才能全心投入地搞好工作，出成绩、出效益。

鲍尔·海斯德是美国著名的药物学家。当他看到世界上每年有成千上万的人被毒蛇咬死时，便决心研制一种抗蛇毒的药物。

他从天花的免疫力，联想到蛇毒免疫力。从15岁起，他就在自己身上注射微量的毒蛇胎体，并逐渐加大剂量和毒性。每注射一次，他就大病一场。他先后注射过28种蛇毒。经过多年的痛苦实验，他终于对蛇毒有了抗毒性。他还有意识地让毒蛇咬自己，以试验抗毒能力。包括世界上最毒的印度蓝蛇在内，他被各种毒蛇咬过130多次，都安然无恙。

后来，他经常用自己有抗毒性的血去拯救被毒蛇咬伤的人。听说有患者生命垂危，他就立即乘飞机前往。先后有20多人被他从死神手里夺回。他还用自己的血试制抗蛇毒的药物。

对自己岗位的爱，对自己职业的敬，鲍尔·海斯德可谓达到了极致。他用自己的生命来殉伟大的事业。

第三，要有对工作高度负责的精神。美国巴顿将军说得好：“任何人，不管从事何种职业，如果满足于碌碌无为，就是不忠于自己。”作为员工，应该对工作高度负责，将自己的全部精力、全部知识、全部智慧都奉献给自己所从事的职业。这不仅是忠于工作，也是忠于自己。有这样一则故事：

有一位小和尚在寺院担任撞钟之职。按照寺院的规定，他每天必须在早上和黄昏各撞一次钟。

开始时，小和尚撞钟还比较认真。但半年之后，小和尚觉得撞钟的工作太单调，很无聊。于是，他就“做一天和尚撞一天钟”了。

一天，寺院的住持忽然宣布要将他调到后院劈柴挑水，不用他再撞钟了。

小和尚觉得奇怪，就问住持：“难道我撞的钟不准时、不响亮？”住持告诉他：“你的钟撞得很响，但钟声空泛、疲软，因为你心中没有理解撞钟的意义。钟声不仅仅是寺里作息的准绳，更为重要的是唤醒沉迷众生。因此，钟声不仅要洪亮，还要圆润、浑厚、深沉、悠远。一个人心中无钟，即是无佛；如果不虔诚，怎么能担当撞钟之职？”

小和尚听后，面有愧色，此后，他潜心修炼，终成一代名僧。

小和尚为什么要被住持免除撞钟之职，因为他对工作没有高度负责的精神。因为没有这种高度负责的精神，所以他撞出的钟声空泛、疲软。一个“做一天和尚撞一天钟”的员工，是不可能真正成为一名落实型的员工的，是早晚会被“免除撞钟之职”的。

三、把每项工作都当成事业去做

做一个落实型的员工，第三个准则，就是要把每一项工作都当成事业去做。

在一个建筑工地上，有三个工人正在工作。这时，有人走过来问他们在干什么。甲工人回答：“我在砌砖头。”乙工人回答：“我在盖房子。”丙工人则充满激情地说：“我正在建造一座雄伟的教堂。”

三个人的回答显示了他们对工作的不同态度。甲工人显示出他是为工作而工作；乙工人显示出他是为生活而工作；丙工人则是为理想、为事业而工作。

不同的态度决定了三个人不同的命运。若干年后，甲、乙工人依然是一个普通的建筑工人，而丙工人则成了一位著名的建筑师。

这个故事告诉我们，无论我们从事的是什么样的工作，要想获得成功，就得把它当做事业去做。

把每一项工作都当成事业去做，就要对工作怀有激情。“激情像糨糊一样，可让你在艰难困苦的场合里紧紧地把自己粘在这里，坚持到底。它是在别人说你‘不行’时，能在内心里发出‘我行’的有力声音。”作家拉夫尔·爱默生的话说出了对工作怀有激情的意义。

科学实验证明，在客观条件相同的情况下，劳动质量的优劣，工作效果的高低，起决定作用的因素是工作者的态度。工作者热爱自己的工作，以积极进取的精神兢兢业业地去从事本职工作，那他的工作就会做得非常出色；相反，工作者讨厌自己的工作，以消极怠工的态度去“撞钟”，那他的工作就会做得非常糟糕。

把每一项工作都当成事业去做，就要对工作怀有敬畏。所谓敬畏，就是敬重自己的工作，以虔诚之心对待自己的工作。

早在两千多年前，荀子就说过：“百事之成也，必在敬之；其败也，必在慢之。”用我们今天的话来说就是，对工作怀有敬畏之心，是各项事业成功的基础；怠慢轻视自己的工作，是导致事业失败的关键。

对工作怀有敬畏，就要保持对本职工作的信念并追求岗位的社会价值。

随着社会生产力的不断发展，社会分工越来越细，职业也就越来越具有多样性。职业虽然多样，但却没有高低贵贱之分。因此，对工作怀有敬畏要求的根本之点，就是员工要保持对本职工作的信念并追求岗位的社会价值，坚信自己所从事的工作是最有意义的，最有价值的。不管这一职位隶属于哪一级，不管这一岗位归属谁管，不管这一工作是体力劳动还是脑力劳动。只有这样，才能尽心尽力地做好本职工作。

总之，正当合法的工作本身，并没有贵贱之分，但是对于工作的态度却有高低之别。工作的态度的高低之别，决定着工作效果的好坏之差。如果你在工作时，想的只是薪水，想的只是应付领导，那么，你所能做的只能是“砌砖头”，而且砖头你也不一定能砌得好；如果你不单单是为了薪水而工作，还为你的前程、为你的团队而工作，把手中的工作当成事业来做，那么，即使你是在做砌砖头的工作，你也会砌得比别人更漂亮。

四、做任何工作都追求精益求精

做一个落实型的员工，第四个准则，就是做任何工作都要追求精益求精。

多年前，有位年轻人来到一家著名的酒店当服务员。这是他涉世之初的第一份工作，因此他很激动，暗下决心：一定要干出个样子来，不辜负父母的期望。

但让他没有料到的是，在新人受训期间，上司竟然安排他去洗马桶！并要求他必须把马桶洗得光洁如新！

面对着马桶，他心灰意冷。这时，同单位的一位前辈来到了他的面前。她什么话也没说，只是亲自洗马桶给他看。等到马桶洗干净了，她从马桶里盛了一杯水，当着他的面一饮而尽！

这位前辈用实际行动告诉他：经她洗过的马桶，不仅外表光洁如新，里面的水也是干干净净的。

前辈的示范给他树立了好的榜样，从此他安心洗马桶，而且将工作做得无可挑剔：他也可以当着别人的面，从自己洗过的马桶里盛一杯水，眉头不皱一下地喝下去。

后来，这位年轻人成了世界旅馆业大王。他就是康拉德·N·希尔顿。

马桶擦到里面的水都能喝的程度，追求的就是“精益求精”。

作为员工，我们无论做任何工作，都应该有这种“擦马桶”的精神，追求精益求精。

第一，追求精益求精，要避免应付搪塞的态度。应付了事，是一些员工常犯的毛病。他们做一天和尚撞一天钟，对于组织布置的工作，从不认真去做，而是敷衍塞责，做一些表面文章来应付。

应付了事的工作态度对组织所造成的危害，远远超过于拒绝执行。如果员工拒绝执行，领导会重新安排其他人员来替换他的工作。但员工如果接受了任务而应付了事，则会使领导遭受蒙蔽，并最终使工作任务不能有效地完成。

事实上，对工作应付搪塞，在坑害组织的同时，也会坑害自己。有个老木匠向老板申请退休，说是要回家与妻子儿女享受天伦之乐。

老板答应了他的请求，但要求他再帮忙建造一座房子，老木匠同意了。

老木匠虽然身在工地，但心已不在工作上，他用的材料很差，活干得很粗。

房子终于建好了。当他向老板交差的时候，老板把大门的钥匙递给了他。老板对他说："感谢你多年来为公司所做的贡献，这座房子是我送给你的礼物，请把你的家人接来居住吧！"

老木匠被惊得目瞪口呆，羞愧得无地自容。他为自己的敷衍塞责而后悔。

作为员工，如果你不想把自己困在因敷衍塞责而造成的粗制滥造的"房子"里，你做事就应该精益求精。

第二，追求精益求精，要克服马虎轻率的毛病。有的员工不能很好地落实工作责任，并非是他不想落实，而是他患有马虎轻率的毛病。做事马马虎虎不认真，处理问题轻率大意不慎重。

马虎轻率的毛病是工作的大忌。稍微的马虎轻率，都可能导致灾难，酿成大祸。胶济铁路列车相撞事故就是如此。

2008 年 4 月 28 日 4 时 41 分，北京开往青岛的 T195 次旅客列车运行至山东境内胶济铁路周村至王村间脱线，第 9 节至 17 节车厢在铁路弯道处脱轨，冲向上行线路基外侧。此时，正常运行的烟台至徐州的 5034 次旅客列车刹车不及，最终以每小时 70 公里的速度与脱轨车辆发生撞击，机车 (内燃机车编号 DF11-0400) 和第 1 至第 5 节车厢脱轨。该事故共造成 72 人死亡，416 人受伤。

事故调查组认为，这是一起典型的人为责任事故。事发列车 (北京开往青岛的 T195 次旅客列车) 在限速 80 公里的路段上实际时速居然达到了 131 公里，这就是说，每小时超速 51 公里。

很显然，如果事发列车 (北京开往青岛的 T195 次旅客列车) 的司机认真执行规定，不超速的话，完全不可能发生这样一起严重的火车相撞事故。

第三，追求精益求精，要防止虎头蛇尾的做法。有的员工能力很强，但却不能很好地落实组织所下达的工作任务。究其原因，主要是他们做事总是虎头蛇尾。工作开始时，热情百倍，干劲十足；但是，工作持续一段时间，尤其是遭遇到困难或挫折之后，则热情逐渐减弱，干劲逐渐消减。

虎头蛇尾，是工作落实的大忌。有人说，成大事不在于力量的大小，而在于能坚持多久。工作精益求精，必须善始善终，如果虎头蛇尾，只有好的开头，而不能将这好的开头持续到最后，是无法精益求精的。

五、要以服从组织的决定为天职

军人以服从上级的命令为天职。每一位组织成员都应该向军人学习，服从组织的决定。否则，就无法贯彻落实组织的意图，团队也就无法达成共同的组织目标。

巴顿将军在他所著的《我所知道的战争》一书中，曾描述过这样一个细节：

我要提拔人时常常把所有的候选人排到一起，给他们提一个我想要他们解决的问题。我说：“伙计们，我要在仓库后面挖一条战壕，8英尺长，3英尺宽，6英寸深。”我就告诉他们那么多。我有一个带后窗户的仓库。候选人正在检查工具时，我走进仓库，通过窗户观察他们。

我看到伙计们把锹和镐都放到仓库后面的地上。他们休息几分钟后开始议论我为什么要他们挖这么浅的战壕。他们有的说6英寸还不够当火炮掩体。其他人争论说，这样的战壕太热或太冷。如果伙计们是军官，他们会抱怨他们不该干挖战壕这么普通的体力劳动。最后，有个伙计对别人下命令：“让我们把战壕挖好后离开这里吧，那个老畜生想用战壕干什么都没关系。”

最后，巴顿写道：“那个伙计得到了提拔，我必须挑选不找任何借口地完成任务的人。”

巴顿的故事告诉我们，“不找任何借口地完成任务的人”，是上级领导喜欢、欣赏、重视而愿意重用的人。

作为下属员工，服从上级组织的决定是天然的职分。服从是落实执行的前提条件。没有服从这个前提条件，任何工作任务的落实都可能成为一句空话。服从，就意味着对组织的决定和部署的工作任务欣然接受，并毫无怨言地全力以赴去落实执行。

第 6 章　打造高效落实的组织

组织不是组织成员人数的简单之和，不是“一袋马铃薯”，而是一个有机的整体。组织的整体力量大于组织内部个体力量的简单相加。

组织的每个成员都具有落实能力，但不等于整个组织具有落实能力。组织不是组织成员人数的简单之和，不是“一袋马铃薯”，而是一个有机的整体。马克思主义认为，组织的整体力量大于组织内部个体力量的简单相加。

20世纪60年代至70年代中期，日本经济实现了快速的腾飞。为什么日本这个小国能迅速成为世界经济大国？人们经过研究，得出了这样的结论：日本企业之所以具有强大的竞争力，并不仅仅在于其员工个人能力的卓越；更重要的是其员工整体“团队合力”的强大。

理论和实践都证明：打造高效落实的组织，对于落实具有非常重要的意义。打造高效落实的组织，需要做好以下几方面的工作：

一、凝聚组织成员的思想共识

思想是行动的先导。打造高效落实的组织，首先要凝聚组织成员的思想共识，将组织成员的思想凝聚到组织的共同价值观念上来，统一到与组织荣辱共存的思想意识上来。

组织成员只有在思想意识上高度统一，而不存在分歧，才能确保上级决策自上而下的贯彻落实，从而避免“内耗”现象，大大提高工作效率。

第一，充分认识凝聚组织成员思想共识的必要性。凝聚组织成员思想共识对于落实的必要性，可以从客观和主观两个方面来予以认识。

从客观上看，凝聚组织成员思想共识之所以必要，是因为我们正处在一个急剧变革的时代。时代变革的内容是多种多样的，但最重要的变化就是组织成员的素质发生了重大的变化。

现在，组织成员的文化水平越来越高，民主意识越来越强，已经不再是过去那种领导说什么，组织成员就信什么的年月。因此，传统的命令式的领导方式已经不能适应变革时代的领导需要，领导者要调动组织成员落实工作任务的积极性和创造性，必须运用凝聚的方式。

从主观上讲，凝聚组织成员思想共识之所以必要，是因为在组织系统中，领导者与组织成员由于角色地位的差异，观察问题角度的差异，价值观的差异，不可能对组织目标，以及对组织的价值观有着完全统一的认知，而且组织成员的个人目标与组织目标也不可能完全趋同。

这种差异是不可能通过外部力量来解决的，而凝聚组织成员思想共识，则能有效地将组织成员的行为引导到领导所期望的轨道上来，从而使组织成员认同组织的目标和价值观，使组织成员的个人目标与组织目标相兼容，相一致。

第二，深刻理解凝聚组织成员思想共识的重要性。凝聚组织成员思想共识对于落实不仅必要，而且非常重要。具体说来，其重要性主要表现在以下三个方面：

其一，凝聚组织成员思想共识能有效地增强组织成员接受和落实组织目标的自觉性。人的行为是由需要和动机决定的，而行为总是指向某种目标。

一般情况下，当组织成员的个人目标与组织目标相一致时，组织成员就能充分地发挥其积极性、主动性和创造性，工作效率也会大大地提高。凝聚组织成员思想共识是将组织成员的个人目标和组织目标统一起来的有效途径与方法。

领导者通过凝聚组织成员思想共识，能使组织成员认识到自身的价值，能使组织成员意识到组织目标与个人利益的密切关系，从而增强组织成员接受并落实组织目标的自觉性。

其二，凝聚组织成员思想共识能有效地调动组织成员实现组织目标的积极性和创造性。调动组织成员的积极性和创造性，为实现组织目标而努力，是凝聚组织成员思想共识的出发点和落脚点。凝聚组织成员思想共识能使组织成员的潜能得到最大限度地调动和发挥，能充分激发组织成员实现组织目标的热情，从而有效地调动起组织成员实现组织目标的积极性、主动性和创造性。

其三，凝聚组织成员思想共识能有效地构建良好的组织环境与和谐的工作氛围。组织环境和工作氛围如何，直接影响着组织成员的思想情感。

一般说来，人的情感可以分为积极肯定性情感和消极否定性情感。前者愉悦、自信、安宁，而且总是和满意的态度相联系；后者痛苦、自卑、忧伤，而且总是和不满意的态度相联系。

由二者的表现形式可以看出，积极肯定性情感，能对人的行为起有效的促进作用；而消极否定性情感，则会对人的行为起妨碍阻止作用。因此，领导者如果想使下属具有积极、向上的力量，就必须调动起下属的积极肯定情感。良好的组织环境与和谐的工作氛围有利于组织成员形成积极肯定性情感。而良好的组织环境与和谐的工作氛围是可以通过凝聚组织成员思想共识来建构的。凝聚组织成员思想共识，能使组织成员之间的隔阂消除，利益协调，从而心往一处想，劲往一处使。

第三，凝聚组织成员思想共识的基本原则。凝聚组织成员思想共识应该遵循以下几个基本原则：

其一，目标认可原则。凝聚组织成员的思想共识，首先要使组织目标为组织成员所认可。组织目标如果能为组织成员所认可，那么，它就能有效地起到凝聚组织成员思想共识的作用。组织成员就会在这个目标的作用下，齐心协力，团结奋斗。

其二，价值共同原则。组织与组织成员共同的价值观，是凝聚组织成员的思想共识得以实现的基础。组织的价值观如果能与组织成员的价值观趋同，组织成员就能对组织产生归属感，从而凝聚组织成员的思想共识。

其三，利益一致原则。组织成员对组织具有依赖感。这主要是因为所在组织能满足自己的物质需求。因此，领导者要想有效地凝聚组织成员的思想共识，必须在坚持目标认可原则和价值共同原则的同时，坚持利益一致的原则，即代表组织成员的利益，尽可能满足组织成员日益增长的物质和文化需求。

二、明确组织成员的岗位责任

下面这个案例是许多管理学者经常引用的：在某企业的季度考评会上，营销部门的经理 A 说：“最近销售做得不好，我们部门有一定责任，但是最主要的责任不在我们，而是竞争对手纷纷推出新产品，比我们的产品好，所以我们很不好做，研发部门要认真总结。”

研发部门经理 B 说：“A 经理说得没错，我们最近推出的新产品的确是少了些，但是我们也有困难呀，因为我们的预算很少，可就是这少得可怜的预算，也被财务部门给削减了！”

财务经理 C 说：“是，我是削减了你的预算，但是你要知道，公司的采购成本也在不断地上升，我们当然没有多少钱。”

采购经理 D 忍不住跳起来：“不错，我们的采购成本是上升了 10%，可是为什么你们知道吗？俄罗斯的一个生产铬的矿山爆炸了，导致了不锈钢价格的上升。”

A、B、C：“哦，原来是这样呀，这样说，我们大家就都没有多少责任了，责任在俄罗斯。”

实事求是地讲，这种“无责任的自由”已经成了影响组织成员承担责任、有效落实的主要哲学。一些人因此根本不担心自己做得好不好，因为他总能找到人或事来推卸责任。

要打造高效落实的组织，必须解决这个问题。而要解决这个问题，一定要明确组织成员的岗位责任，建立岗位责任制。

所谓岗位责任制，是指根据组织内部各个工作岗位的工作性质和业务特点，明确规定其职能、职责和权限，并按照规定的工作标准进行考核及奖惩而建立起来的制度。

明确组织成员的岗位责任，建立岗位责任制，需要注意以下几个原则：

第一，才能与岗位相统一。明确组织成员的岗位责任，建立岗位责任制，必须根据组织成员的不同才能、特点及特长，分配与之相适应的岗位。

每一位组织成员都有着不同的才能、特点及特长，领导者要明确组织成员的岗位责任，必须了解组织成员的才能、特点及特长，并根据其才能、特点及特长把他们放置在合适的岗位上。也就是说，给老虎一座山，给猴子一棵树，而不是相反。

第二，职责与权利相统一。职、责、权、利是每一个岗位都必须具备的因素。有职必有责，有责必有权，有权必有利。这就是说，在其职位，就担当着相应的责任，而不能占据其职位而不担当责任。而有责任，必须有权力来实施这个责任，否则，难以履行责任；而履行了责任，则需要与实际利益密切联系，体现按劳分配的原则。

第三，考核与奖惩相匹配。明确组织成员的岗位责任，建立岗位责任制，还必须强化考核与奖惩相匹配的问题。组织上根据岗位职责和工作标准来考核组织成员，并把考核的结果作为奖惩的依据。论功行赏，以鼓励组织成员的工作主动性和积极性；依错处罚，以激励组织成员改过上进，调动其工作的主动性和积极性。

三、激励组织成员的工作热忱

我在前面的论述中说过，热忱是一种具有矢量性的精神力量，是人们奋斗的原动力。实践证明，卓有成效地落实好工作任务的人，都是对工作怀有满腔热忱的人。因此，打造高效的落实组织，除了要凝聚组织成员的思想共识，明确组织成员的岗位责任，还必须能将组织成员的工作热忱调动激发起来。

如何调动激发组织成员的工作热忱？激励，是一种重要的途径与方法。“水激石则鸣，人激志则宏。”这是中国辛亥革命时期女革命家秋瑾说的一句话。那么，怎样用激励来调动组织成员的工作热忱呢？常用的方法如下：

第一，目标激励。目标激励，是指用确定的、具有社会意义的、符合人们切身利益的、科学可行的目标，也就是通过奋斗能够获得的成就或结果，来激发下属的行为动机，使他们产生旺盛的奋斗精神和落实动力。

心理学家的实验研究表明，目的性行为的效率明显高于非目的性的行为。因为当人们明确了可能达到的目标，就会为达到目标而努力。比如，一个万米赛跑运动员，当人们告诉他还剩一千米，再加把劲，就可夺得金牌时，即使他身体某部位疼痛，他也会咬牙加快速度完成最后的冲刺。

运用目标来激励组织成员，关键要注意设置好目标。一般说来，目标的设置，要注意以下几点：

其一，目标的设置要高低适宜。心理学家曾把目标激励比作摘桃子，桃子吊在空中，怎样才能调动人的最大积极性呢？坐在地上举手可得，不行。因为目标太低，缺乏“挑战性”；跳起来摘不到，也不行。因为目标太高，会挫伤人的积极性。只有奋力跳跃方能摘到的高度，才是最合适的。这一点，可用八个字来概括：“伸手不及，跃而可获”。它能最大限度地调动人的积极性。

其二，目标的设置要总分结合。设置总目标，可使下属感到工作有方向，有奔头。但因为总目标的实现常常是一个长期的、复杂的甚至是曲折的过程，所以，在运用目标激励这一激励方法时，仅设置总目标是不够的。它容易让人感到遥远和渺茫，可望而不可即，从而影响人的积极性的充分创造发挥。因此，目标的设置要总分结合。也就是说，在设置总目标的同时，设置若干适当的阶段性目标。通过逐个实现这些阶段性目标来达到总目标的实现。这一点，可用六个字来概括："大目标，小步子"。它能持续地调动下属的积极性。

其三，目标的设置要实在具体。目标有大有小，有远有近，但不论何种目标，都不能是虚幻的，而必须实在具体。只有实在的目标，才能使下属相信；只有具体的目标，才能对下属产生吸引力。

第二，许诺激励。许诺激励，就是领导者通过许诺某件事，如职务的晋升、职称的评定、工资待遇的提高以及荣誉、记功等，来调动组织成员的工作积极性。

组织成员工作的积极性，从根本上来说，来源于他的物资、精神需要。当组织成员产生了某种需要，他就会形成行为的内在驱动力，这种驱动力又使他产生一系列的行为去实现既定的目标。而这个目标能否实现，与领导者有着密切的关系。因为领导的许诺往往是目标实现的一种保障，所以，下属总是希望得到领导者的许诺，哪怕是只言片语。那么，领导者在工作中如何掌握好许诺激励这一方法呢?

其一，许诺要适度。适度，是许诺激励的关键。许诺过高，就会"失信于民"。假如一位领导说，小伙子，好好干，干好了能当总理。

这是不能调动积极性的，因为目标无限大，而实现的可能性等于零，所以调动不了积极性。许诺过低，则形不成激励因素，许诺形同虚设。比如，一位领导说，大家好好干，干完之后免费供应空气。这也不能调动积极性，因为目标价值等于零。所以，领导者在许诺时，一定要掌握好许诺的度。就是要给他确定一个比较切近可行的目标。

其二，许诺要适宜。这里所说的适宜，是说许诺要符合不同下属的需要。对于一位没有权力欲望的下属，你用授予权力的许诺是很难激励他的；而对于一个没有物质欲望的下属，你用物质去激励他，效果也是可想而知。

江西有个工厂，由于产品质量有问题，连续亏损了17年。后来改进了产品质量，工厂转亏为盈。但随着订货数量的加大，工人常需要加班加点。星期天加班不算，就连过春节，厂长还宣布不休息，发40元奖金作为补偿鼓励。

这一措施引起许多职工的不满，尤其是单身汉，更是恼火。他们找到厂长，对厂长说："你能不能积点德，我们好不容易找了个对象，你星期天不休息，也就算了，春节还加班，要是对象吹了，怎么办？"

厂长说："我体谅你们的困难，但订货多，任务紧，你们说怎么办？"

工人说："如果我们超额完成任务，你能不能给我们假日奖励。你们当领导的天南海北都跑遍了，让我们工人也出去开开眼。"

厂长采纳了这条意见，宣布只要完成任务，超额30%的给三天假期，超额200%的给两个星期假期。这个措施一宣布，中午吃饭，食堂人少了，带上两个馒头在车间吃；5点钟下班，你往外轰他也不走，他要超额。

为什么没有了加班费，工人的积极性反而高了呢？原因很简短，因为假日最适合他们的需要。

其三，许诺要兑现。下属对领导的许诺总是非常认真的。如果你许诺了，一定要兑现，否则，不仅起不到激励下属的作用，还会使你失去威望。宋太祖时，曾经发生过这样一件事：

有一次，宋太祖答应让张思光做司徒，张思光很高兴，天天等待正式的任命，可是日复一日，年复一年，却迟迟不见任命的通知。张思光失去了耐性，便想了一计，故意骑一匹很瘦的马到宋太祖的面前。

宋太祖看张思光骑的马那么瘦，很吃惊地问："你的马太瘦了，一天吃多少饲料呢？"

张思光回答说："一天一石。"

听了张思光的回答，宋太祖更不理解了："不可能吧！既然给那么多的饲料，马怎么还会这么瘦呢？"

张思光说："我答应一天给它一石，而实际上，我并没有给它那么多。"

宋太祖听出了话中有话，不久就下旨任命了张思光。

要说宋太祖的记性还不错，张思光一暗示，他便明白了。如果不是这样，张思光肯定会灰心丧气，工作起来也不会卖力气。由此可见，不能轻易许诺，许诺就要兑现。

第三，逆反激励。人都有自尊心、自爱心、荣誉心，也有虚荣心和好胜心。逆反激励，就是有意识、有目的地运用富有刺激性的语言，将工作对象的这种心理激活，使其改变原来的态度。这种方法俗称“激将法”。

有一家造纸厂，改革用人制度，在厂内张榜招聘车间主任。

招聘榜贴出后，人们都把目光对准了技术员小黄。大家觉得他有技术，懂管理，应该站出来揭榜。但小黄却犹豫不决。这时候，退休了的工会主席走到了小黄面前，对他说：“大家都以为你挺有出息，没想到，你是这么个窝囊废，连个车间主任的位子都不敢接，不知道你是怎么上的大学，怎么当的优等生！”

“我是窝囊废？”工会主席的话还没说完，小黄就跳了起来，说，“我非干个样儿来让你看看不可！”说着，就上前揭了榜。

小黄有当车间主任的能力，但却没有勇气“毛遂自荐”。但这时候要是正面劝说鼓励，恐怕很难收到实效。工会主席很清楚这一点。因此，他便采用了逆反激励的方法，有意“贬损”他，否定他。工会主席的锐利言辞“触伤”了小黄的自尊心，有血性的汉子怎么能受此“窝囊气”？他要挽回面子，他要证明自己的能力。于是，他勇敢地站了出来。当然，工会主席的激励目的也达到了。

逆反激励运用得好，可以事半功倍；运用得不好，则会伤害被激励对象的情感。怎样才能运用得好呢？关键在于审时度势，切中要害，采用最有效的“激活剂”。具体说来，要注意如下几点：

其一，要了解激励对象的性格。逆反激励并不适用于任何人。一般说来，它多适用于那些性格刚烈，自尊心、荣誉心或者好胜心很强的人。这种人大多都喜欢别人看重自己，希望自己超过别人。因此，激励者用带有刺激性的语言一激他，十有八九会成功。但如果工作对象性格懦弱内向，做事谨小慎微、自卑感强，没什么荣誉感，刺一千锥子也不出血，整个儿是一个麻木不仁者，逆反激励是没有用武之地的。因为富有刺激性的语言会被他们误认为是对他们的挖苦、嘲弄，并极有可能导致怨恨心理。所以，运用逆反激励，必须了解激励对象的性格。例如：

泰勒是第二次世界大战中美国的一名海军军官，他曾经用非同寻常的审讯方式，从一名纳粹分子的口中获得了德军机密。

当时号称“狼群”的德国潜艇在大西洋上横行一时，对盟军的海上运输构成严重威胁。更令人感到吃惊的是，德军还研制了一种感音鱼雷，即将投入战斗。盟军派出了大量的情报人员想搜寻有关的情报，但都一无所获。

不久，美军在大西洋击沉了一般德国新式潜艇，碰巧有一名自称汉斯的军官曾经参与了感音鱼雷的研制工作。他被俘后，美军采取了各种各样的审讯措施，但汉斯立场顽固，软硬不吃。最后，美军把任务交给了海军军官泰勒。

泰勒会说流利的德语，知识渊博，灵敏机智。他不把汉斯当做俘虏反而与之交上了“朋友”。通过接触，汉斯十分佩服泰勒的风度。

一天，泰勒邀请汉斯下棋，两人边下边谈，十分融洽。“你为什么不审问我？”汉斯提出了他一直想问的问题。

“你不过是一名普通军官，有什么好问的？”汉斯不屑一顾。

“你错了，我是一名经过专业训练的优秀的鱼雷军官！”高傲的汉斯有点被激怒了。

“得了吧，老弟，就你那三流海军，还有什么鱼雷？”泰勒更轻蔑地摆了摆手。

“请不要小瞧我们，我们不但有鱼雷，还有比你们更加先进的感音鱼雷！”汉斯有点控制不住了。

“哈哈，感音鱼雷，你别编神话了。”泰勒用嘲讽的大笑刺激汉斯。

汉斯终于再也忍不住了，顺手抓过一张纸，画出了鱼雷的原理图，以证明自己没有讲神话。

就这样，美军终于获得了感音鱼雷的秘密，研究了对策，使德国这一新式武器没能发挥出任何威力。

泰勒激将成功，就在于他了解汉斯的高傲性格。高傲的人最怕的莫过于别人看不起自己。因此，当泰勒以“轻蔑”的态度、“轻蔑”的话语刺激他时，强烈的自尊心便使得他说出了本不该说也不会说的话来。

其二，要选准激将的时机。激言不是在什么时候说都能取得好效果的。时机过早或过晚，都难见成效。因此，运用逆反激励时，一定要选准时机，即选在工作对象对问题有了一定的思考，但还没有下决心行动时。在这种犹豫不决的时候，激励者适时地撒下“催化剂”，就会很容易取得成功。例如：

第十五混成旅旅长兼大名镇守使孙岳是冯玉祥滦州起义时的同仁。他思想进步，倾向革命，但在军阀混战中几度沉浮，颇不得志。

1924 年秋，冯玉祥在北京南苑修建的昭忠祠落成，孙岳前来致祭。祭罢，冯玉祥陪他到墓地凭吊。孙岳黯然神伤，连连叹道：“唉！民国成立不过十来年，这里已躺下这么多弟兄了。”

言者无意，听者有心。冯玉祥早就想联合孙岳携手革命，遂神情戚戚地附和道：“他们为国捐躯，落得一个‘忠’字，也算不朽了。”冯孙两人多年相契，是无话不谈的挚友。冯接着放出试探性气球，说：“他们死了，尚能落得一个‘忠’字，孙二哥，将来你百年之后，人当如何称你？”

“那还用问，一个不折不扣的军阀罢了。”

“你拥兵数千坐镇一方，为何甘做人家的走狗？”

冯玉祥有意触动他的痛处，不料孙却不以为然，说：“我算什么，有人带兵三四万，不也做着军阀走狗吗！”

善于察言观色的冯玉祥见时机已到，就大发感慨道：“目前这个局势，我看稍有热血良心的人，没有不切齿痛恨的。我部名为一师三混成旅，实则枪不足三万条，处此境地，未可莽撞，但我们必须共同努力，将这批祸国殃民的走狗统统推翻，不然的话，何以对得起自己，以何面目回报创造民国的先烈？

一席话激得孙岳热血沸腾。两人当场商定：同舟共济，共创大业。

其三，要注意语言的分寸。并不是什么语言都可以激发起对方情感的。太刻薄，容易形成对抗心理；而语言柔弱无力，不痛不痒，则又难能让对方的情感产生波动。因此，领导者在使用逆反激励方法时，在用语上要把握分寸，注意言辞的“度”。既防止“过”，又避免不及。请看下面的故事：

重阳节，即将退休的老李，被领导请来陪退休的老干部。酒过三巡，各领导轮番把盏。老李不胜酒力，偏巧“一把手”提壶敬酒。老李千推万辞不接受，该领导想请将不如激将。于是，就说：“这人老了，就是这样，这里工作没人要，那单位也推，这不，一杯酒都喝不好，还能干好工作！”

老李平时工作出色，历任大小干部，只是近年照顾到某单位过渡到退休，并无这推那辞的事。可他上进心不减当年，经“一把手”如此一说，气不打一处来，当场要他交代“这也不要，那也推辞”的事实。众人劝说不住，该领导也自讨没趣，老李摔杯愤然而去。

可见，这位领导就没有很好地掌握“激将法”的度，超过了对方的接受程度，使激发变成了揭发。老李认为，领导是借敬酒为名，当众揭他短处，有意欺负他年迈无能，敬的是一杯苦酒。实际上，该领导的用意是激他一激，让他再喝一杯，把气氛调得浓浓的。但因激将不当，自找了没趣。

第四，行为激励。所谓行为激励，就是领导者用自身的行为给组织成员做出榜样。

古人云：“其身正，不令而行；其身不正，虽令不从。”这话的意思是说，做领导的，要是本身行为端正，即使不发布命令，下面的人也会去干；如果自身的行为不正派，即使出了教令，人家也不会听你的。

事实的确如此，作为领导者，如果他作风正派，廉洁奉公，言行一致，秉公办事，严于律己，那么，他一定会博得下属的尊敬和信服，他下达的计划、指示，便是无声的命令，群众会以高昂的热情去努力工作。否则，就会失去号召力，群众的工作热情也就可想而知。

难怪人们说："喊破嗓子，不如干出样子。"若是自己每日颓丧，又怎么能激励起下属的工作热情？所以，领导者要想调动组织成员的工作热情，首先自己就要对工作有满腔的热忱。

四、培养组织成员的落实能力

"一美元的投入，四美元的偿还"，这是西方人才学家为教育投资所算的一笔账。这种量化的概念，生动地说明了人才培养的重要性。

打造高效落实的组织，也必须要在培养组织成员的落实能力上下功夫。培养组织成员的落实能力，不仅需要多样化的培训方式，而且更重要的是要更新和充实组织成员教育培养内容体系。组织成员教育培养内容体系是一个不断发展和充实的动态过程。因此，要培养与时俱进的高素质的"落实型"组织成员，就需要不断更新、充实组织成员教育培养内容体系。

第一，重点突出政治理论的相关内容，帮助组织成员正确领悟党和国家的方针政策。落实中央的政令、上级的决策和本地区、本部门（单位）的工作任务，各级干部要有领悟力，而各级干部的领悟力则主要来源于他的理论素养。因此，领导者要把政治理论的相关内容作为组织成员教育培养的主要内容，以此来引领组织成员讲政治，顾大局，看长远，做党的路线方针政策的忠实执行者。

第二，突出组织成员业务素质的相关内容，帮助组织成员提升业务工作的能力。

落实中央的政令、上级的决策和本地区、本部门（单位）的工作任务，仅有良好的动机、目的是不够的，还必须有能把中央的政令、上级的决策和本地区、本单位的工作任务落实到位的业务工作能力。

因此，领导者要把提高组织成员的业务素质，作为组织成员教育培养的必修课，针对组织成员岗位工作的不同特点，对组织成员进行履行岗位职责所必备的专业知识和业务技能的培训。

对于组织的主要负责人，重要的是培养他们总揽全局的能力和决断决策的能力。

对于组织的中层负责人，重要的是培养他们组织协调的能力和沟通的能力。

对于组织的基层负责人，重要的是培养他们善于处理具体事务的能力。

对于专业人员，不仅要培养他们的专业技能，更重要的，还要培养他们的全局观念。使他们既能掌握娴熟的专业技能，做好本职工作；又能在工作时考虑组织的整体利益，实现与其他员工的有效合作。

对于普通职员，由于他们是各项工作任务的直接实现者，要完成的是各种具体性的工作，因此，培训他们，应着重依据工作规范，培养他们的工作技能，以便他们能有效地做好本职工作。

第三，重点突出法律法规的相关内容，帮助组织成员懂法、知法、守法，依法落实。落实中央的政令、上级的决策和本地区、本部门（单位）的工作任务，必须对组织成员进行懂法、知法、守法、依法落实的教育。这是增强组织成员依法决策、依法用权、依法管理能力的有效手段，也是保证组织成员在落实过程中不偏离正轨的有效路径。因此，要有针对性地安排法律、法规专题讲座，来提升组织成员的法律素质。

第四，重点突出道德素质的相关内容，帮助组织成员树立高尚的为政道德品质。

为政道德，是落实中央的政令、上级的决策和本地区、本部门（单位）工作任务的重要思想基础和根本。道德高尚才能富有远见，道德高尚才能心系百姓，道德高尚才能分别轻重。

“富有远见”，落实才能关注长远、关注全局；“心系百姓”，落实才能权为民所用，利为民所谋；“分别轻重”，落实才能权衡利弊，以党和国家、人民的利益为重。

第 7 章　创建良好的落实文化

人能创造环境，环境也能创造人。巨人只能生长在需要巨人的时代。

著名博物学家达尔文,在他的日记里曾经记载过他做的一件“蠢事”：

19世纪中叶，达尔文周游世界。一次，他来到非洲的一个原始部落。他看到，那里的人住山洞，吃草根野果，过着茹毛饮血的原始生活。

达尔文在那个原始部落里住了几天之后，发现了一个让他震惊的现象：每当气候恶劣，人们找不到食物时，他们就将老弱病残的人分而食之。理由是，这些人没有用。

达尔文很痛心：世界已经进入文明时代，而这里的人还这么野蛮残忍，一定要想办法改造他们。于是，他用高价买下一个当地的男婴，把他带回英国，他要用现代文明的教育方式，使这个非洲血统的小孩变成一个“文明人”。然后，再用这个“文明人”去改造他家乡人吃人的原始现状。

16年之后,这个小男孩长成了“文明青年”,达尔文经熟人帮助,把他送回了非洲。

一年后，达尔文又来到非洲，想看看17年后的原始部落有了多大进步。可是，他却找不到那个“文明青年”了。当地人告诉他，他们把那个青年吃掉了。

达尔文大惊：“那么好的人，为什么吃了？”当地人告诉他：“他什么都不懂，什么都不会做，留下有什么用？”

从这个故事我们可以看出，一个组织的文化对人的影响。正像IBM公司的创始人托马斯·沃森所说的：“一个组织的基本哲学思想对组织的作用比技术资源、经济资源、组织机构、创新和抓住时机的作用更大。”[1]

搞好落实，也必须创建良好的落实文化。一个没有落实文化氛围的组织要想搞好落实，无疑是天方夜谭。

所谓落实文化，是指贯穿于整个组织系统的、大多数组织成员形成的对落实的看法、习惯和理念等的总称。

良好的落实文化，对组织成员起着巨大的激励和引导作用；相反，不良的落实文化则制约着组织成员的落实能力的发挥，从而影响落实。

一般说来，在一个组织中，落实文化主要包括：求实文化、责任文化、诚信文化和细节文化。

一、构建求实文化

求实，就是要求真务实。求真务实，是我党的优良传统和工作作风。落实，必须弘扬这种优良传统，坚持这种工作作风。

“求真”，就是了解真实情况，探寻出事物发展变化的客观规律；“务实”，就是要以实事求是的态度，提出符合实际的解决矛盾和问题的办法。如何构建求实文化？

第一，要坚决反对形式主义。唯物辩证法告诉我们，内容与形式是辩证的统一。人们做任何事情，都要有一定的形式。但形式只能为内容服务，而不能置内容于不顾，为形式而形式。如果不

1. 转引自王强、胡汉辉：《管理创新十讲》，天津人民出版社，2002年9月第1版，第226页。

管内容，只讲形式，那就是形式主义。由此而言，所谓形式主义，就是处处只讲究表面的形式，不讲究事情的实际，不讲实际内容、实际效果和实际意义。形式主义，只有哗众取宠之心，没有实事求是之意。

不同时期，不同阶段，不同领域，形式主义有不同的表现形式。但从落实的情况来看，形式主义主要有以下的表现形式：

其一，抓落实就是开会，干打雷不下雨。有的领导干部靠会议去落实会议，靠文件去落实文件，靠讲话去落实讲话。他们习惯于做“收发室”，当“传声筒”。认为只要是会开了，文件发了，话讲了，工作任务就算落实了。结果是，层层喊落实，层层不落实。正像有人所讲的，狠抓就是开会，管理就是收费，重视就是标语，落实就是动嘴。

其二，工作过程很热闹，实际问题没解决。有的领导干部把工作过程本身当成工作绩效。在抓落实中，习惯于做程序性的工作，轰轰烈烈走过场，一丝不苟搞形式，标语贴得满墙是，实际问题没解决。

其三，热衷于提新口号，喜欢做表面文章。有的领导干部不去认真领会中央精神，也不去了解下情，只习惯于空喊口号，定高指标，做表面文章。口号、指标提得震天响，落不落实无人过问。

第二，要坚决反对官僚主义。官僚主义是一种脱离群众、脱离实际、工作怕艰苦、作风不深入、当官做老爷的工作作风。

在长期的革命、建设工作实践中，我党同官僚主义进行着不懈的斗争。1963 年，周恩来同志在中共中央和国务院直属机关负责干部会议上的报告中，将官僚主义的种种表现逐一进行了揭露。如高高在上，孤陋寡闻；狂妄自大，骄傲自满；主观片面，粗枝大叶；官气熏天，不可向迩；不学无术，耻于下问；遇事推诿，怕负责任；浮夸谎报，瞒哄中央；弄虚作假，文过饰非，等等。

周恩来同志所揭露痛斥的官僚主义在今天也同样不同程度地存在着。这严重地妨碍了党的方针、路线、政策的贯彻落实，严重地破坏了党和人民群众的血肉关系，严重地影响了党和政府在人民群众心目中的形象和威信。现阶段官僚主义主要有以下几方面的表现：

其一，缺乏公仆意识，脱离群众，官气十足。我们的领导干部是人民的公仆。作为人民的公仆，就应该全心全意地为人民服务，就应该谦虚谨慎，虚心向人民群众学习，一刻也不脱离群众。可是现在有的领导干部，却忘掉了自己的人民公仆身份，而把自己当成了人民的主人。于是，对人民群众态度蛮横，以致于人民群众感到“门难进，脸难看，话难听，事难办”。

其二，不深入实际调查，凭主观想象决断问题。毛泽东同志指出：“按照实际情况决定工作方针，这是一切共产党员所必须牢牢记住的最基本的工作方法。”[1] 按照实际情况决定工作方针，就要深入实际调查研究。“一切结论产生于调查情况的末尾，而不是在它的先头。只有蠢人，才是他一个人，或者邀集一堆人，不作调查，而只是冥思苦索地‘想办法’，‘打主意’。须知这是一定不能

1.《毛泽东选集》第 4 卷，人民出版社，1991 年 6 月第 2 版，第 1308 页。

想出什么好办法，打出什么好主意的。换一句话说，他一定要产生错办法和错主意。”[1]然而，有的领导干部就是这种“蠢人”。他们不深入实际调查，凭主观想象决断问题，以至于劳民伤财。

其三,对工作不负责任,缺乏事业心和敬业精神。作为领导干部,必须对工作负责，对党和人民负责。没有对党、对人民、对工作负责的态度,是抓不好落实工作的。官僚主义者就是缺少这种对党、对人民、对工作负责的精神。因此，做事马马虎虎，甚至玩忽职守，给党、国家和人民的利益造成重大损失。

第三，要坚决反对弄虚作假。曾经看到过一副对联。上联是：“上级压下级，层层加码，马到成功”；下联为“下级骗上级，层层掺水，水到渠成”；横批：“数字出官，官出数字”。很显然，这是群众对有些干部弄虚作假的辛辣嘲讽。

构建求实文化，必须坚决反对弄虚作假。英国著名思想家吉辛在其所著的《四季随笔》中说：“在所有类型的卑鄙中，伪善最为人们憎恨。”套用这句话：弄虚作假，最为人民群众所憎恨。

二、构建责任文化

写下这个小标题,我首先想起的是两封来自遥远的英国的信函:

2002年的一天，位于武汉市中心的景明大楼的业主收到了一封来自英国的挂号信，信中写道：

景明大楼为本建筑设计事务所设计，设计的安全年限为80年，

1.《毛泽东选集》第1卷，人民出版社，1991年6月第2版，第110页。

现已超期服役，敬请业主注意。

2005 年的一天，广州市市政部门也收到 50 多年前提供建造广州海珠桥钢材的英国企业的一封来信。信中说：

修建海珠桥的钢材已经有 100 年的历史，接近使用寿命，建议进行检测，并根据测试结果进行加固。

原来，海珠桥是 1950 年由广州市政府着手重建的，所使用的钢材是从当时英国的一座旧钢桥上拆卸下来的，所以就其寿命计算，估计快有 100 年了。

两封遥远的来信，让我们掂量出“责任”这两个字的分量。

岁月流逝，景明大楼当年的设计者、海珠大桥当年的材料供应商，恐怕现在已是退离工作岗位，或者是已经不在人世。然而，他们人离开了工作岗位，离开了人世，但其组织的责任却没有丢。这些公司的工作人员传承了这种责任感，依然在履行着他们神圣的责任。

这实际上是英国公司责任文化的体现。与这两家英国公司相比，我们的一些单位和部门，就缺少这种责任文化。以至于一些办事人员，遇事推诿搪塞，不敢也不愿意承担任何责任。下面的这首“扯皮谣”，就是对这种不正常现象的讽刺：

扯皮，扯皮，扯皮，无休无止。多少事，从不急；你推我，我推你。甲让乙处理，乙叫丙合计，丙请丁斟酌，丁等甲审批……一份公文到处传，像个皮球来回踢。或当“研究员”，研究研究成惯例；或当“老推事”，能推就推不迟疑；或当“好拳师”，不慌不忙打“太极”；或当“收发室”，来文照转省力气。一万年，不太急，何必争朝夕。

要解决落实问题，必须反对这种遇事推诿搪塞的坏习惯，构建责任文化。只有构建了责任文化，每个人都养成了负责的习惯，落实才能真正到位。如何构建责任文化？

第一，强化责无旁贷的落实意识。强化责无旁贷的落实意识，不当局外人，是构建落实文化的首要环节。组织成员有了这种意识，才能不折不扣地担当起落实的任务，才能锲而不舍地去落实工作任务。

邓小平同志曾经指出："集体决定了的事情，就要分头去办，各负其责，决不能互相推诿。失职者要追究责任。"[1]

上级的方针政策制定出来以后，实际上就明确了组织成员落实的责任。作为组织成员，就要自觉意识到自己所应担当的责任，主动负起这份责任。

有些组织成员，只看到自己的利益，看不到自己该承担的责任，缺乏责任意识，这样的组织成员是不会把工作落实好的。只有具有强烈的责任意识、明确自己的职责的组织成员，才能在工作中不打折扣地落实，做出成绩。

第二，强化自己的责任自己承担。哈里·杜鲁门担任美国总统时，在他的办公室门口，挂着一块牌子，上面写着："责任就在这里。"

构建责任文化，组织成员需要有"责任就在这里"的态度。自己的责任自己承担，不把责任推卸给他人。请看艾森豪威尔的一

1.《邓小平文选》第2卷，人民出版社，1994年10月第2版，第341页。

段逸事：

1944年6月6日，盟军登陆诺曼底。面对被纳粹宣传为有去无回的“大西洋长城”，战前是凶吉难以预料。因此，当艾森豪威尔下达作战命令之后，他坐在桌子旁边，默默地写下了一张字条，并把它放在制服的口袋里，准备一旦登陆失败，拿出来发表。

字条是这样写的：“我们的登陆作战行动已经失败……所有士兵无论海、陆、空三军，无不英勇作战，鞠躬尽瘁，死而后已。假如行动中有任何错误或缺失，全是我一个人的责任。”

事过多年，艾森豪威尔在接受一位学者访问时，曾谈及此事。他说，记得在南北战争时，南军在盖茨堡一役被打败，领兵的李将军只怪罪自己，他写信给总统说：“军队没有错，我一个人负全责。”他为此深受启发。

艾森豪威尔是这样。他的爱将巴顿将军也是如此。巴顿将军说：“指挥官应该担负起失败的责任，不论责任在不在他；但假如事事顺利，则要将功劳归给别人，不论这些人是否有功劳。”在他看来，只有这样，才能获得部属支持，为你死心塌地地勇敢战斗。因此，每当别人赞扬他时，他总是说：“好像巴顿是个伟大的天才，事实上，他根本没什么可做。他只负责下达命令，创造出无与伦比的优异战绩的，是背后的参谋和前线的部队。”[1]

如果你对下属的工作不满，请不要责怪下属，而是要先看看是否是自己用人不当或领导无方所造成；如果你觉得上司对你不够

---

1. 蔡子强：《为将之道》，《海外星云》2005年第21期。

重视，请不要怪罪上司，而是要先从自己身上找原因，看看是否是自己能力不强或协调不当所导致；如果你不能完成组织交给你的工作任务，请不要抱怨工作太难做，而是要先检讨自己，看看是否是自己没有尽力。

西方著名的心理学家维克多·弗兰克尔（Victor Frankl）曾经说过："人生的终极意义在于承担责任，去寻找很多人生问题的答案，从而不断完成对每一个人设置的任务。"[1]负责是一种人生态度，是一种价值追求。实践证明，富有责任感的人无论承担何种工作任务，都能比那些没有责任感的人更容易取得成功。

第三，用制度保证事事有人管，人人都管事。构建责任文化，需要对组织成员进行思想教育，但仅此还不够，好必须用制度来保证事事有人管，人人都管事。海尔集团即是如此。在海尔集团，责任文化已经成了企业文化的重要组成部分，正是这种责任文化成就了海尔的伟业。

在海尔，事事有人管，人人都管事。大到一个设备，小到一个电灯开关，都有责任人。发生任何的纰漏，总能找到人来对号入座。

海尔电冰箱厂有个材料库，楼高五层。整个大楼有2945块玻璃。为保证这两千多块玻璃"日清日洁"，主管在这2945块玻璃的角上设置了编号小条，条上写有擦玻璃人和监督者的编码。发现哪一块玻璃脏，马上就能找到这两个人。

海尔电冰箱，从钢板成型到冰箱出厂，共有156道工序，545

1. 转引自杰拉尔德·W·福斯特：《责任制造结果》，陈小龙译，中信出版社，2003年12月版，第2页。

项责任。因为落到了实处，所以保证了质量。

三、构建诚信文化

2001 年，全国高考的语文试卷出了这样一道作文的题目：

有一个年轻人跋涉在漫长的人生路上，到了一个渡口的时候，他已经拥有了“健康”“美貌”“诚信”“机敏”“才学”“金钱”“荣誉”七个背囊。

渡船出发时风平浪静，说不清过了多久，风起浪涌，小船上下颠簸，险象环生。艄公说：“船小负载重，客官须丢弃一个背囊方可安渡难关。”看年轻人哪一个都不舍得丢，艄公又说：“有弃有取，有失有得。”年轻人思索了一会儿，把“诚信”抛进了水里。

寓言中“诚信”被抛弃了，它引发你想些什么呢？请以“诚信”为话题写一篇文章，可以写你的经历、体验、看法和信念，也可以编写故事、寓言等。

可以肯定，这位年轻人错了。一个人的成功，有许多种条件和因素，但“诚信”是一种最重要的因素；一项政策的落实，有许多种途径，但诚信是一种最重要的途径。早在两千多年前，人们就明白这一道理。孔子说：“人无信不立。”商鞅还以广告的形式来展示他的诚信，来推动他的改革措施的落实。

战国时，秦国的商鞅在秦孝公的支持下，主持变法。为了表示他说话算数，他让人在都城南门外竖立了一根 3 丈长的木杆，并当众许诺：“谁能将这根木杆搬到北门，奖赏十金。”围观的人很多，但没有人相信这是真的，谁也不动手。

商鞅见没有人去搬它，就又宣布："谁能将这根木杆搬到北门，奖赏五十金。"这时，有个男人上前把这根木杆扛到了北门。商鞅立即赏了他五十金。

知道这件事的人都说商鞅诚实守信。于是，他的新法在秦国推行了起来。如何构建诚信文化呢？

第一，大力进行诚信价值观教育。"诚信"一词，大家耳熟能详，很多关于诚信的千古警句至今仍使我们受益匪浅，如"言必行，行必果"，"人而无信，不知其可也"，"信言不美，美言不信"等。如今，社会主义核心价值体系又把诚信作为其重要的内容。显而易见，诚信是一个既古老又常新的话题，而且是一个重要的价值观的问题。

构建诚信文化，必须对组织成员大力进行诚信价值观教育，让组织成员充分认识到诚信在落实工作中的作用。"人无信不立"，讲诚信是对人的基本要求。在人类社会的历史长河中，诚信的原则都是人在行为选择中需要遵从的第一原则。

第二，强化信守诺言，兑现承诺的意识。信守诺言，兑现承诺，是诚信之"信"的根本要求。如果只有信誓旦旦的承诺，而没有身体力行的兑现，所谓承诺就是一张空头支票，没有任何价值。

信守诺言，兑现承诺，是忠实地遵守承诺的话，并践行承诺的事情。古人云："一言既出，驷马难追。""一言九鼎，一诺千金。"既然承诺了，就要忠实地遵守，就要想方设法兑现。

信守诺言，兑现承诺，无论是对于个人，还是对于组织，都非常重要。

一个人如果只是信口开河，而不去兑现，就会失去别人的尊重和信任；一个组织如果只是空喊美好的社会理想，而不去践行，就会失去公信力；一家企业如果总是靠虚假广告来坑蒙客户，而不去实践，就会失去客户的支持。

第三，建立健全诚信制度。构建诚信文化，除了要重视诚信教育以外，还要突出诚信制度的建立健全。虽然我们可以通过思想教育的方式来提升人们的诚信意识，让人们养成诚信的习惯，践行诚信。但仅此是不够的，还必须用他律来促进人们的自律，即要建立健全诚信制度。

“不以规矩，无以成方圆。”诚信制度是构建诚信文化的重要保障。这是由制度自身的本质特点所决定的。人在本质上是社会关系的总和。人总是要处在各种各样的组织中活动，而任何组织都离不开制度。所谓制度，就是各种组织在活动过程中所依据的原则、体制、程序等的总和。制度本身有一定的价值指向性，通过制度把诚信规范固定下来，使人们的行为活动有章可循，防止道德无序现象。良好的制度环境，可以规范人们的行为，可以制约不诚信行为和风气的蔓延。因此，我们在严厉打击、惩治诚信失范现象的同时，要高度重视从制度创新上来堵塞漏洞，否则不讲诚信的人就会像春天的韭菜一样，割了一茬又一茬，永远割不完。

四、构建细节文化

细节决定成败，是时下颇为流行的话语。这话虽然有些夸张，但我们也不能否认，细节对成败确实有着非常重要的影响。

细节不仅对成败确实有着非常重要的影响，也对工作任务的真正落实起着关键的作用。一招不慎，也许就满盘皆输。所以，创建良好的落实文化，还必须构建细节文化。如何构建细节文化？

第一，强化细节意识。构建细节文化，首先要强化细节意识。强化细节意识要求组织中的所有成员都能重视细节，认识到细节对工作任务的落实的重要性，养成重视细节的习惯。

我们不妨反思一下，为什么我们的有些工作不能真正地落实？原因当然是多种多样，但有一点我们必须承认，就是我们缺少细节文化，做事满足于差不多。而相比于我们，日本人重视细节的精神还是很值得我们学习的。

《IT 经理世界》2004 年第 21 期的“屯田制造的崩溃”一文，曾经记载过这样一个小故事：

国内有一家汽车制造厂，从日本请了几个技工来工厂工作。他们发现，这几位日本技工在工作时非常注意细节。比如，他们在拧螺丝钉的时候，总是要先在地上铺上白布，把要拧的螺丝钉一一放到上面，拿一个拧上，然后再回来拿另一个。

而我们中国工人在拧螺丝钉的时候，总是把螺丝钉揣在口袋里，直接到现场一口气拧上。

两种不同的做法，会产生不同的效果。日本技工的做法不会出现漏拧的现象，而中国工人的做法容易出现漏拧的情况。

如果出现了漏拧螺丝钉的情况，就会影响产品质量的落实。

第二，培养认真态度。构建细节文化，离不开严谨认真的工作态度。严谨认真，是指严肃对待所说的话、所做的事，不马虎。严谨认真是组织成员落实好各项工作任务的前提。

毛泽东说，世界上怕就怕“认真”二字，共产党就最讲“认真”。

讲“认真”，我们在说话时，就不会信口开河，随便承诺，而是言必有据，实事求是，说了就算，承诺就兑现。

讲“认真”，我们在做事时，就不会敷衍了事，马马虎虎，而是谨慎严谨。在德国曾经发生过这样一个故事：

一天，在德国的柏林，一位西服革履的外国男子在大街上走着。他随手将一个空瓶子丢进了路旁的 5 号废物箱中。

这时，一位警察走过来，彬彬有礼地对他说：“先生，您的瓶子投错了箱子，按规定应该罚 100 马克。”

这名男子乖乖地交了罚款。原来，5 号废物箱是专门回收废钉子的，瓶子应该放进另外的废物箱中。

认真是做好各项工作的基础，哪怕是丢弃垃圾都不能例外。丢弃垃圾时，也要看一看，是否投错了箱子。唯有如此，我们的各项工作才能井然有序地落实。培养认真态度，必须树立“100-1=0”的意识。

第三，死卡标准不放。工作落实是有标准要求的，构建细节文化，要求组织成员在落实工作任务时，钉是钉铆是铆，不打马虎，处处用标准“死卡”不放。王建承先生在《抓安全就得钉是钉铆是铆——记六公司第三项目部安全员于天照》一文中详细记载了于天照用标准“死卡”不放落实工作任务的故事。下面是报道的原文：

“这地面没填实，立杆绑得也不直，拆掉重搭！”看着刚刚搭起的98号墩脚手架，于天照严肃地说。像这种因施工稍不规范就命令工人返工重来的事已不是第一次了。

于天照就是这样，抓落实执行钉是钉铆是铆，处处用标准“死卡”不放。用他的话说，就是要“卡”得人人按标准化施工。

2010年3月10日，于天照来到里木店特大桥工地，负责特大桥的施工安全。

里木店特大桥在哈齐客专一标段DK18—DK49处，长5000多米，153个桥墩，一个墩8个桩共1300多个孔，施工从钻孔开始。

一到里木店，于天照就先确定危险源。在他看来，抓安全必须从源头抓起。泥浆池、防护栏、深基坑、电闸箱、发电机……每个危险源都挂上“危险源警示牌”，天天反复巡视死看死守。这也是公司安检室要求的，“一法三卡”安全工作法有明确规定；对上级的指示精神，他总是落实得有板有眼非常到位。

钻孔时，全队18台钻机分成四伙同时作业，隔500米一伙。于天照天天来回巡视。有的钻孔桩在路边上，泥浆池深3米，行人掉下去就是事故，他把这作为防护重点，仔细检查每个泥浆池护栏是否符合标准要求，是否牢固；靠近路边的护栏经常被来往车辆刷倒或刷歪了，他总是及时上前重新稳固，还要检查电焊机是否完好，“漏保”开启是否灵活，不行马上更换；对“待笼”的桩孔总要检查一下有没有覆盖防护，即使仅“待笼”一两个小时也必须防护到位；遇到打混凝土时，他总要上去检查导管连接得牢不牢。导管长18米，分五六节，他一节一节地检查，检查完导管管箍又检查钢丝绳卡环。他知道，这看似小事，但极易留下安全隐患。若管箍拧得不紧，灌注混凝土时掉下一节导管灌桩就无法继续进行，就容易造成断桩。卡环不紧，提导管时钢丝绳就容易脱落，导管提不上来就会影响施工或造成质量事故……总之，在他眼里，事无巨细大小，只要和安全生产有关，都要仔细检查一遍才放心。他就是这样，每天都要巡视五六个来回，那可是50多公里啊！虽说有时可搭乘来往的施工车辆，可还是走得两腿发直发软；有两次因腿发软而崴了脚疼痛难忍，可他还是一声不响地走着，巡视着，检查着。在他看来，不管自己多苦多累，只要保证施工安全，就是再苦再累也值！

队长看他太辛苦，特意给他配了台自行车。这下可好了！有了“机械化”，于天照巡视得更“欢”了！

“刚开始下钢筋笼子时最头疼的是工人不戴安全帽。”当问他在里木店抓安全最难的是啥时他说。

“队长三令五申进工地必须戴安全帽，可一些工人嫌热，戴安全帽进工地，干活时却把安全帽放在一边。每发现这种现象我都立即制止，给他们讲不戴安全帽发生伤亡事故的案例，告诉他们戴安全帽是对自己的生命负责。下钢筋笼子时我就蹲在那里死看死守。”他说。

据于天照介绍,基础桩深36米,分两截下钢筋笼子一截18米,吊起后近20米高。钢筋笼子上有十一二个混凝土垫块，万一掉下来砸到脑袋上可不是闹着玩的！用二队队长张明鑫的话说就是：“里木店特大桥主要是吊装作业、深基坑开挖、高空作业，日常检查非常重要。于天照天天从小里程往大里程走，重大危险源紧紧盯在现场，小事大抓，大事停工整顿，养成了人人重视安全，人人遵守安全标准化作业的好习惯。”

有人说他是“碎嘴子”,“天天总是那点儿事,总唠叨个没完！”可就是这个“碎嘴子”，唠叨得不戴安全帽的戴安全帽了，施工时不遵循安全规范的遵循了，人人注重安全，确保了安全生产。[1]

---

1. 王承建：《抓安全就得钉是钉铆是铆—记六公司第三项目部安全员于天照》，中国铁路工程建设网，2010年10月12日。

第 8 章　再造合理的落实流程

链条的最大强度，取决于最薄弱的环节。木桶的最大容量，取决于最短的木板。

流程，《现代汉语词典》的解释是“工业品生产中，从原料到制成成品各项工作安排的程序。”现在泛指为实现一定的工作目的，而需要采取的一系列步骤和动作。

实践证明，有些工作和任务不能高效地落实，很大程度是落实的流程不合理所造成的。因此，要从根本上解决落实的问题，还需要再造合理的落实流程。

一、再造合理落实流程的意义

战国时，齐威王与田忌赛马，两个人各出上、中、下等马三匹。比赛时，上等马对上等马，中等马对中等马，下等马对下等马。由于齐威王的马无论哪一等都比田忌的马强，结果，田忌三战三败。

田忌的好友，著名的谋略家孙膑知道这件事之后，便给田忌出了个主意。田忌觉得这个主意不错，就请求齐威王再赛一次。

比赛开始了。这次田忌依照孙膑的计谋，以下等马对齐威王的上等马，以上等马对齐威王的中等马，以中等马对齐威王的下等马。结果，两胜一负，田忌胜了。

这则故事，让我们看到再造合理流程的重要性。合理的落实流程，是事半功倍的关键所在，是用最经济的方式来获得最有效率和效益结果的一种重要途径。

第一，它能为从事特定工作任务的组织成员提供行动的指南。落实执行者有了这一行动的指南，可以避免在每一次工作之前，都要重新考虑行动步骤的问题，从而有效地节省了精力和时间。

第二，它能为从事特定工作任务的组织成员提供行动的说明。有了这一说明，即使是从事该项工作的人员发生了变动，也不会使该项工作搁浅。因为临时人员可以凭借落实流程迅速融入该项工作中。

第三，也是最重要的，它能整合信息、资源和人力等各种组织要素，把一定的输入转化为输出。

从表面上看，组织是以业务和职能部门来划分的，但实际上起作用的是流程。也就是在工作过程中所呈现出来的信息、知识、人员、物资和资金的流动。

合理的流程能使信息、资源得到最有效地利用，能使人力、物力得到最合理地使用，从而使组织构成的各要素更好地适应工作目的，为各项工作任务的落实提供重要保障。

也许流程的最初构建、再造与发展将会花费许多时间和精力，但流程一旦完善、固化，简单的努力将会释放出巨大的投资回报。美国保险业巨子 CIGNA 曾经进行了 20 项的流程改革，其结果是：“经营费用降低了 42%，经营周期缩短了一半，顾客满意度上升了 50%；质量标准提高了 75%。”[1] 专家们认为，“在流程改进中每‘栽种’1 美元，在降低成本和提高收益上会收获 2—3 美元。”

二、重新审视组织的落实流程

毫无疑问，合理的落实流程是有着重要意义的。那么，我们现

1. 霍德·J，迟双明：《把工作落实到位》，九州出版社，2004 年 12 月，第 1 版，第 96 页。

在所处的组织的落实流程是否合理呢？重新审视组织的落实流程，有益于领导者对症下药去解决落实流程存在的问题，提升工作的效率。

重新审视组织的落实流程，关键是要分析判断落实流程存在着哪些问题。一般说来，组织的落实流程通常存在着以下几个主要的问题：

第一，瓶颈。所谓瓶颈，是指落实流程中工作任务出现的堆积点。由于这些堆积点的存在，影响了工作落实的速度，甚至使得工作难以落实。

识别判断瓶颈的方法并不难，就是看在落实流程中哪个环节会出现工作堆积现象，落实工作任务时到这一环节处是否需要等待。如果是的话，该处就是落实流程中的瓶颈。再造流程，就要想方设法消除这个瓶颈。

第二，短板。一只由长短不一的木板组成的木桶，其盛水量的多少，并不取决于那块最长的木板，而是取决于那块最短的木板。要使现有木桶多装水，就必须设法增加那块短木板的长度。这就是木桶理论。

落实流程也是如此。落实流程中如果出现了“短板”，即落实流程中最差的环节，就会影响整个工作的落实。可以说，“短板”是影响工作落实效果的最大瓶颈。

俗话说：“链条的最大强度取决于最薄弱的环节。”就落实流程的整体效率来讲，落实流程中工作效率最差的环节，决定着整个落实流程的效率。

第三，衔接。如果一项工作任务的完成，要在不同工作人员之间经过一次以上交接时，就会出现衔接问题。如果衔接不顺畅的话，就会浪费许多时间，这也是导致不能高效落实的一个非常重要的原因。

一次，我接到北京某区党校的授课邀请。临讲课的前一周，该校教务处的一位老师电话我，说讲课当天会有司机八点在党校家属区门口接您。到了讲课的那天早晨，我早早地等在党校家属区门口。但一直等到8:20也不见接我的汽车的影子。我赶紧给邀我课的老师打电话，询问原因。电话接通了。她问我："刘教授，您到了吗？"我说："没到。还在党校家属区门口呢。""您怎么还在党校家属区门口啊？""这就是我电话您的原因，车没来。""怎么会这样啊，我一周前就把接您的派车单送出去了。您别急，我问问怎么回事。"过了一会儿，她给我回复了电话："不好意思，刘教授，车没派出去，您打车过来吧。"

我折腾了半天，终于打上了出租车。本来计划9点上课，结果，我将近十点才到。原来，这位教务处的老师在一周前给我电话时就给校办公室递交了派车单，但校办公室没有把这个派车单派给车队。

就这件事情来看，其流程是，教务部提交派车单的需求——校办公室批准使用并把派车单交给车队——车队派车接老师。

在这个落实流程中，尽管教务部提交派车单的效率很高，但由于校办公室的效率以及衔接问题，导致了没派出车的结果。

重新审视组织的落实流程，有助于帮助领导者决断是对落实的流程进行一般性的调整、改良，还是进行大刀阔斧的再造。

实践证明，对落实的流程进行一般性的调整、改良，虽然较为稳妥，但由于没有从根本上解决问题，所以很难达到预期的效果。比如IBM公司，曾一度企图在原有的基础上修修补补，省去彻底改造的“麻烦”，但改造后的落实流程不仅效果不佳，而且加深了后来改造的难度。事实上，这样的情形在很多企业都普遍存在。

一般说来，进行大刀阔斧的再造，其效果优于一般性的调整、改良。

所谓落实流程再造，说得简单点，就是推倒重来，也就是对落实流程进行根本性的再思考和彻底性的再设计。对此，研究流程再造的专家哈默还有个形象的比喻，他说，流程再造就像把监狱砸掉，把犯人都放跑。

“把监狱砸掉，把犯人都放跑。”其风险可想而知。但事实说明，落实流程的再造虽然具有一定的风险，但把握得好，能使落实的工作产生戏剧性的变化。海尔集团总裁张瑞敏就多次表示，是流程再造拯救了海尔。

就上述我谈到的邀请我讲课而忘了派车的区党校来说，这个派车的流程就需要再造。

三、落实流程再造的基本原则

对现有系统的否定，是落实流程再造的逻辑起点。因此，进行落实流程再造，首先就要将组织原有的落实模式打破，一切从头开始，对落实流程进行重新设计。

对落实流程进行重新设计，不是一种无原则的设计，它应该遵循以下几项基本原则：

第一，全局原则。落实流程再造是一个系统工程。因此，再造这一系统工程必须坚持全局原则。所谓全局原则，就是落实流程的再造要根据整体流程全局最优的目标，来设计和优化落实流程中的各项活动、各个环节，而不是根据局部最优和部门最优的目标来设计和优化。

第二，简约原则。哈佛大学的教授帕金森曾经说过一句著名的话："机构会自动制造工作。"落实流程如果烦琐的话，也会自动制造出许多工作来。因此，落实流程再造，应该在可能的情况下，删繁就简，精兵简政。譬如，有一家银行在落实流程再造中发现，它的收发室有问题。这个收发室每天先要用 4—5 个小时的时间来分拣信件，然后才能再送到各个分理处去。

怎样解决这个问题呢？落实流程再造小组经过讨论认为，分拣信件应该是邮局的事。于是，他们决定撤销收发室，让各分理处在邮局设信箱。问题就这样解决了。

第三，扁平原则。扁平原则，也可称为"放权原则"。所谓扁平原则，就是压缩管理层次，使决策点位于工作落实的地方。换一句话讲，就是将决策权和处理权下放给具体落实工作的人，让落实工作的人自我管理、自我决策。MBL 公司保单申请程序的重建，就体现了这一原则。

MBL 是美国第 18 大人寿保险公司。该公司的保单申请程序在重建之前，非常烦琐复杂。从顾客填写保单开始，到最终开具保单，要实施 30 个步骤，跨越 5 个部门，经过 19 位员工之手。完成申请过程最快也需要 24 小时；正常则需要 5 到 25 天。

这漫长的过程到底有多少时间是在创造附加价值的呢？有人对此进行了推算。推算的结果是：假设整个过程需要 22 天的话，那么，真正用于创造价值的只有 17 分钟，还不到 0.05%，而 99.95% 的时间都在从事不创造价值的无用工作。

为什么会是这样的结果？经过分析，他们得出了结论：是僵化的处理程序将大部分时间都耗费在部门间的信息传递上，从而使本应该简单的工作变得更为复杂。

面对上述这种情形，MBL 的总裁果断地提出了将效率提高 60% 的目标。为此，MBL 进行了流程再造。

MBL 的新做法是：打破原有的工作界限，拆除影响高速落实的组织障碍。他们削减了 100 个原有职位，设立了专案经理（Case manager）这样一个新职位。

专案经理不仅对保单申请的全部过程负责，而且拥有全部的权力。也就是说，专案经理对整个申请保单的流程具有全部的决策权和处理权。

这种专案经理处理整个流程的做法，不仅大大压缩了线形序列的工作，而且还消除了中间管理层，使得工作效率大幅度地提高：处理一份保单只需要 4 个小时，即使是较复杂的任务也只要 2 到 5 天就能完成。

第四，目标原则。所谓目标原则，就是要围绕开展此项工作所要达到的目标或实现的结果来设计整个流程的工作，而不是就单个的任务来进行组织。比如海尔公司流程再造的目的是为了增强企业的活力和市场竞争力。因此,他们围绕着这一目标来再造流程。

不仅整个公司有目标，每个员工都有目标。其中一个重要的目标就是：日事日毕，日清日高。也就是说，每个海尔管理人员每天都要写日清表，就是每个人每天都有工作目标，每天都要检查自己的工作目标是否完成。

四、常见的落实流程再造模式

在落实流程的再造过程中，人们创新、实践了许多不同的流程再造模式。陈志坚先生在《常见的流程再造模式》一文对这些再造模式进行了总结。下面我根据陈志坚先生的总结，介绍这些再造模式。期望这些再造模式对各级组织和领导者进行落实流程的再造提供有价值的参考。

第一，迈克尔·哈默模式。迈克尔·哈默(Michael Hammer)是美国麻省理工学院的教授，也是著名的流程再造问题的专家。他的流程再造模式分为四个阶段:

第一阶段，建立再造队伍。再造队伍主要包括再造领导人、流程主持人和再造总管，必要时组建指导委员会，组织再造小组。

第二阶段，寻求再造机会。选择要再造的业务流程，确定再造流程的顺序，了解客户的需求和对流程进行分析。

第三阶段，重新设计流程。召开重新设计会议，运用各种思路和方法重构流程。

第四阶段，着手进行再造。向员工说明再造的理由，进行前景宣传，实施流程再造。

第二，乔·佩帕德和菲利普·罗兰模式。乔·佩帕德 (Peppard J.) 和菲利普 · 罗兰 (Rowland P.) 是英国著名的流程再造问题的专家。他们的流程再造模式分为五个阶段：

第一阶段，营造环境。这又分为六个子步骤：一是树立愿景；二是获得有关管理阶层的支持；三是制订计划，开展培训；四是辨别核心流程；五是建立项目团队，并指定负责人；六是就愿景、目标、再造的必要性和再造计划达成共识。

第二阶段，流程的分析、诊断和重新设计。分为九个子步骤：一是组建和培训再造团队；二是设定流程再造结果；三是诊断现有流程；四是诊断环境条件；五是寻找再造标杆；六是重新设计流程；七是根据新流程考量现有人员队伍；八是根据新流程考量现有技术水平；九是对新流程设计方案进行检验。

第三阶段，组织架构的重新设计。分为六个子流程：一是检查组织的人力资源情况；二是检查技术结构和能力情况；三是设计新的组织形式；四是重新定义岗位，培训员工；五是组织转岗；六是建立健全新的技术基础结构和技术应用。

第四阶段，试点与转换阶段。分为六个子流程：一是选定试点流程；二是组建试点流程团队；三是确定参加试点流程的客户和供应商；四是启动试点、监控并支持试点；五是检验试点情况，听取意见反馈；六是确定转换顺序，按序组织实施。

第五阶段，实现愿景。分为四个子流程：一是评价流程再造成效；二是让客户感知流程再造产生的效益；三是挖掘新流程的效能；

四是持续改进。

第三，芮明杰和袁安照的七阶段模式。在国内，较早对流程再造的步骤进行研究和设计的是芮明杰和袁安照。他们认为企业流程再造应该包含七个阶段 32 个子步骤。

第一阶段，设定基本方向。分为五个子步骤：一是明确企业战略目标，将目标分解；二是成立再造流程的组织机构；三是设定改造流程的出发点；四是确定流程再造的基本方针；五是给出流程再造的可行性分析。

第二阶段，现状分析。分为五个子步骤：一是企业外部环境分析；二是客户满意度调查；三是现行流程状态分析；四是改造的基本设想与目标；五是改造成功的判别标准。

第三阶段，确定再造方案。分为六个子步骤：一是流程设计创立；二是流程设计方案；三是改造的基本路径确定；四是设定先后工作顺序和重点；五是宣传流程再造；六是人员配备。

第四阶段，解决问题计划。分为三个子步骤：一是挑选出近期应该解决的问题；二是制订解决此问题的计划；三是成立一个新小组负责实施。

第五阶段，制订详细再造工作计划。分为五个子步骤：一是工作计划目标、时间等确认；二是预算计划；三是责任、任务分解；四是监督与考核办法；五是具体的行动策略与计划。

第六阶段，实施再造流程方案。分为五个子步骤：一是成立实施小组；二是对参加人员进行培训；三是发动全员配合；四是新流程试验性启动、检验；五是全面开展新流程。

第七阶段，继续改善的行为。分为三个子步骤：一是观察流程运作状态；二是与预定改造目标比较分析；三是对不足之处进行修正改善。[1]

总而言之，落实流程再造的意义、作用以及如何再造，通用电气公司总裁杰克·韦尔奇的做法也可以使我们受到启迪。

杰克·韦尔奇之所以能把通用电气公司打造得无比辉煌，一个重要的原因，就是他非常注意工作流程的再造和优化。

他要求他的员工为各项工作勾画出“流程图”，清楚地揭示每一个细微的次序和关系。

杰克·韦尔奇认为，这样做，不仅可以使员工对整个工作了然于心，还可以理清哪些环节是多余的，哪些环节是可以合并的，从而提高工作效率。

杰克·韦尔奇还是落实流程优化的优秀实践者。他在通用电气走马上任之初的1980年，通用电气公司由64个事业部组成，从上到下至少设有5个管理层次，即“公司→区域部→事业部→事业分部→工厂”。而各个管理层内部的组织系统，还有更多的管理层次。

有资料称，韦尔奇在接任总裁时，在通用电气公司的40万名职工中，25000人有正式的“经理”头衔，其中500人是资深经理，拥有副总裁或更高职位的人是130位。

由于机构庞杂，层次繁多，公司的战略决策和战略目标很难快

1. 资料来源：中国管理传播网，http//manage.org.cn.

速地贯彻落实。

韦尔奇曾经描述说，我们让一个人来主持规划工作，他再请两位副总裁来协助他，副总裁又在其下面找规划经理。结果是各种计划表越来越厚，印刷越来越美观，图表越来越精致，计划书封皮也改用硬皮精装本，有关的会议人员也越来越多。一个 16 到 18 人的会议实在无法让任何一个人有充分的发言时间。

韦尔奇决定压缩管理层次，向婚庆蛋糕式的森严等级开战，消除事业单位与高级管理阶层之间的沟通障碍。

1984 年，韦尔奇将原来的 64 个事业部削减，组成了 38 个战略经营单位；1987 年又将这 38 个战略经营单位，合并成 14 个产业集团。

经过一系列的整合，通用电气公司的主要决策层由过去的五个层次减少到三个层次，即“公司→产业集团→工厂”。各个管理层内部的组织系统层次也大大地压缩。

全部削减过程韦尔奇整整用了 10 年的时间。他说，在那段时间里，我们削去了管理阶层的一层又一层，拆掉一个又一个分隔功能的“墙壁”，精简人员，开除了游手好闲到处聊天的人。[1]

就这样，通用电气公司原来那种高耸的宝塔形结构，变成了低平而坚实的扁平结构，从而大大地提高了决策和落实决策的效率。

---

1. 程刚：《杰克・韦尔奇领导艺术》，中国商业出版社，2002 年 1 月版，第 234—245 页。

第 9 章　培养创新的落实思维

机械地落实，其后果不亚于不落实。落实，贵在创新。

落实，贵在创新。创新，就是抛开旧的，创造新的。社会是发展的，时代是变化的，竞争是激烈的，我们要不为社会所淘汰，跟上时代的步伐，在竞争中立于不败之地，就必须进行创新。

只有创新，我们才能克服教条主义和本本主义，才能用发展的眼光观察问题，认识世界，才能充分开发自己的潜能，用智慧去解决理论和实践的问题。

只有创新，我们才能从形而上学、经验主义的桎梏中解放出来，才能勇于面对发展、变化的世界，才能创造性地开展工作；我们才能寻求到解决问题的有效方法，把工作真正落到实处。

一、思维方式决定落实的效果

“一个人的成功，不在于经验和知识，而决定于他的思维方式。”这话道出了问题的关键。因为思维决定思想，思想决定思路，思路决定行为，行为决定结果。所以，落实或抓落实，必须要解决思维问题，思维问题解决了，解决问题就有了思路，落实就有了突破口。

一次，爱迪生让他的助手测量一个鸭梨形的玻璃器皿的容积。他吩咐完了之后，就去做别的工作去了。

过了很长的时间，这位助手也没有告诉他结果如何。爱迪生觉得很奇怪，过来一看，助手还在忙活：他按常规的方法，对这个器皿的长宽高等进行反复测量，还在纸上画了许多图。但由于这个玻璃器皿形状太奇怪，所以他折腾了半天，还是没有计算出它的容积来。

爱迪生见此情形，笑着拿起那个玻璃器皿，把它装满水，然后把水倒入量杯中。他告诉助手："看看它的刻度，那就是这个器皿的容积。"

这个故事说明：不同的思维方式决定着不同的落实效果。

爱迪生的助手使用的是习惯的思维方式，通过测量计算的方法来落实爱迪生交给的任务。应该说，这种方法适用于一般的情况，但遇到鸭梨形的器皿这种特殊的情况，这种方法就没有用武之地了。而爱迪生运用的是非常规的思维方式，所以很快就将那个鸭梨形器皿的容量计算了出来。

二、破除制约创新的思维定式

毕加索说过："创造之前必先破除。"破除什么？破除传统的观念，破除陈旧的规则，破除头脑中的思维定式。应该说，一切创新活动都是"破除＋建立"。

培养创新的落实思维，首先就要破除制约创新的思维定式。概括说来，制约创新的思维定式主要有以下几种：

第一，权威型思维定式。所谓权威型思维定式，就是在对事物的认知和对是非的判定上，缺乏自我独立思考的意识，而盲目地依附于权威。

权威虽然使我们节省了许多探索的时间和精力，但如果我们过分地迷信权威，唯权威之言而是听，就会墨守成规，不能根据具体情况寻求落实的新方法，从而影响工作任务的落实。

第二，习惯型思维定式。所谓习惯型思维，就是思维沿着前一思考路径以线性的方式继续延伸，并暂时地封闭了其他的思考方向。

法伯是法国著名的科学家。他曾经做过一个著名的“毛毛虫”试验。这种毛毛虫有一种“跟随者”的习性，总是盲目地跟随着前面的毛毛虫走。

试验中，法伯把一些毛毛虫放在一个花盆的边缘上，首尾相接，围成一圈，并在花盆周围不到 6 英寸的地方撒了一些毛毛虫最爱吃的松针。毛毛虫开始一个跟一个，绕着花盆一圈又一圈地走。一小时过去了，一天过去了，毛毛虫们还不停地坚韧地团团转。又过了六天六夜，它们终于因为饥饿和精疲力竭而死去。

实验结束后，法伯在笔记中写下了这样一句耐人寻味的话：“在这么多毛毛虫中，其实只要有一只稍与众不同，便立刻会避免死亡的命运。”

惯性的思维常常使人们陷入僵局，甚至置人们于死地。毛毛虫之死告诉我们的就是这个道理。

第三，经验型思维定式。经验是人类的宝贵财富，但如果过分地迷信经验，过分地依赖经验，并形成固定的思维模式，照办照抄，就会弄巧成拙。

有位女孩在跟妈妈学做菜。她发现妈妈在切香肠时，总是将香肠的头尾去掉。她很奇怪，问妈妈为什么。妈妈说：“你外婆这样做，我也跟着这样做，不知道为什么，你去问外婆好了。”

女孩便拨通了外婆的电话。外婆告诉她：“因为从前我们家烤箱的盘子太小，必须将香肠掐头去尾才能放进烤箱。”

经验一成不变就会成为束缚。被束缚的思维是不可能产生创新精神的，也是不会有效落实的。

众所周知，许多年前，在巴拿马国际博览会上，我国的名酒茅台也来参展。但由于包装不佳，摆放的位置也不醒目，所以，没有引起人们的注意。

怎样才能让茅台酒引起别人的注意呢？参展的工作人员急中生智，拿起一瓶茅台，假装不慎失手，将酒瓶摔到地上。顿时，醇香四溢，吸引了所有的参观者。茅台因这一摔而扬名，获得了金奖。

这个成功的经验后来成了营销课堂上必讲的案例。于是，有的酒厂便也想一摔成名。山东某酒厂就是如此。

1996年12月一个周六的上午，该酒厂为了宣传自己的白酒，让营销人员在某市的六家大厦门前，大摔一瓶瓶的白酒。

一时间，碎瓶横飞，酒水四溅。见此情形，观众们都声称可惜。

大家知道这是厂家在为自己的白酒做宣传，但感到不解的是，宣传手段多种多样，为什么要用这种不雅而且浪费的手段做宣传？该酒厂“摔酒”实在是一个败笔。

兵书上云：“兵贵不复。”领兵打仗贵在不重复使用自己或他人的旧战法，而应该根据具体的情况，不断调整战略战术。否则，东施效颦，难免不失败。

在《杂文报》上，我曾看到王晔写的一篇文章，内容是：一个木匠，造一手好门，他费了好多时日给自家造了一个门。他想这门用料实在、做工精良，一定会经久耐用。

后来，门上的钉子锈了，掉下一块板，木匠找出一个钉子补上，门又完好如初。后来又掉下一颗钉子，木匠就又换上一颗钉子；后来又一块板朽了，木匠就又找出一块板换上；后来门栓损了，木匠就又换了一个门栓；再后来门轴坏了，木匠就又换上一个门轴……于是若干年后，这个门虽经无数次破损，但经过木匠的精心修理，仍坚固耐用。木匠对此甚是自豪，多亏有了这门手艺，不然门坏了还不知如何是好。

忽然有一天邻居对他说："你是木匠，你看看你们家这门。"木匠仔细一看，才发觉邻居家的门一个个样式新颖、质地优良，而自己家的门却又老又破，长满了补丁。木匠很是纳闷，但又禁不住笑了："是自己的这门手艺阻碍了自己家门的发展。"

学一门手艺很重要，但换一种思维更重要。行业上的造诣是一笔财富，但也是一扇门，能关住自己。那位木匠即是如此。

要想不关住自己，必须善于打破框框，不为经验所束缚，不为固有的成就所羁绊。

三、培养有效创新的思维方式

培养创新思维方式的最重要前提，首先就是要建立起"一切都是可能的"这样一种哲学观念。现代创新理论的提出者约瑟夫·熊彼特认为，创新就是生产要素的重新组合。让我们来看一道有趣的测试题：1+1=1；2+1=1；3+4=1；4+9=1；5+7=1；6+18=1。

怎样才能得出这样的结果呢？一句话就可以道破天机：只要我们给这些数字加上适当的单位名称，其结果就可以成立了，而且还完全正确。

1（里）+1（里）=1（公里）

2（月）+1（月）=1（季度）

3（天）+4（天）=1（周）

4（点）+9（点）=1 点（13 点即下午 1 点）

5（月）+7（月）=1（年）

6（小时）+18（小时）=1（天）

简单的数字游戏告诉我们：在生活中，有些东西看似不可思议，看似复杂难解，但只要我们换一个思考问题的角度，跳出习惯的思维框框，就会得出异乎寻常的答案。这就是创新思维。

这种创新思维让我们看到了怎样将不可能变为可能。请看“哈桑借据法则”：

一位商人向哈桑借了两千元金币，并打了借条。在还钱的期限快到了的时候，哈桑突然发现借据丢了。他万分焦急。他的朋友纳斯列金知道此事后，对他讲：“你给这个商人写封信去，要他到时候把向你借的 2500 元还给你。”

哈桑虽然迷惑不解，但他还是照着朋友纳斯列金的话做了。

信寄出后，很快就收到了回信。商人在信中写道：“我向你借的是 2000 元，不是 2500 元，到时候就还给你。”

这种将不可能变为可能的思维方式对我们工作的落实具有非常重要的意义。

1972 年，新加坡总理李光耀要求新加坡旅游局制订一个旅游发展规划，发展新加坡的旅游事业。新加坡旅游局接到指示后不久，却给李光耀总理打了一份新加坡不能发展旅游业的报告。

报告的大意是说：我们新加坡不像埃及有金字塔；不像中国有长城；不像日本有富士山；不像夏威夷有海浪。我们除了一年有四季直射的阳光，什么名胜古迹都没有，要发展旅游事业，实在是巧妇难为无米之炊。

李光耀看过报告，非常生气。他在报告上批示了这样一行字：你想让上帝给我们多少东西？阳光，阳光就够了！

后来，新加坡利用那一年四季直射的阳光，种植花草，在很短的时间里，发展成为世界上著名的“花园城市”，连续多年，旅游收入列亚洲第三位。

事实上，有些地区、有些单位的工作不能有效地落实，很大程度是相关人员缺乏创新思维。有了创新思维，不可能的事，也许就会变得可能。一般而言，下面的创新思维是组织成员在落实工作中所应该掌握的：

第一，逆向思维。逆向思维是指人们在思考问题时，跳出常规，逆事物的常规方向去寻找解决问题的办法。说得简单点，就是“倒过来想”。一切事物都有两面性，从相反的角度去思考，有时会有出人意料的效果。

日本丰田公司的创造人丰田喜一郎就说过：“如果我取得了一点成功的话，那是因为我对什么问题都倒过来思考。”

逆向思维的最大特点，就在于改变常规的思维轨迹，用新的角度、新的方式研究和处理问题。

美国的阿拉斯加有一种珍稀的鹿，政府专门设立了一个自然保护区，对它们精心看护照管。

开始时，管理人员为了不使鹿群受到伤害，便将狼、豹等动物驱逐“出境”。鹿群生活在没有任何危险的“安乐窝”之中。

渐渐地，管理人员发现，这些鹿的活动量在逐渐减少，体质也变得越来越差，许多鹿因为抵抗力弱而死亡。

怎样才能使鹿群恢复原来的生机呢？管理人员决定，从外地“引进”几匹鹿的天敌——狼。

狼引进来之后，鹿为了生存，整天来回奔跑。结果，没过多长时间，这些鹿的体质和生命力都大为增强。

这就是逆向思考的方法。狼本来是鹿的天敌，但天敌的引进，却锻炼了鹿的身体。一个疑难问题，就这样简单地解决了。

为什么逆向思考能寻求到解决疑难问题的办法呢？应用它的本质是什么呢？

人们在思考问题时，一般都是顺着想，也就是按照大家都认同的常情、常理、常规的正向思考路径去思考；或者遵循事物的某种客观顺序去想，比如从前到后，从上到下，从近到远，等等。既然是大家都认同的常理，所以遇到某一问题时，大家都会顺着这样的思路想。这样思考问题有时能找到解决问题的方法，并收到令人满意的效果。但是，在实践中，也有很多问题，对这些问题要是利用正向思考的路径去寻找解决的方法时，却难能找到正确的答案，或会失之偏颇。

如果我们不满足于只是重复别人的思路，不满足于停留在别人的水平上，而要有所突破，有所创造，有所发展，我们就应该跳出常规，打破常理，运用非常规的思路去思考，走别人没有走过的路。这样想出来的办法，就可能是有新意的办法，是能解决问题的方法。

第二，发散思维。发散思维是从一个目标出发，沿着各种不同的路径去思考，探求多种解决问题答案的思维方式。其思维活动的轨迹，就像草地里的旋转喷头一样，朝不同的方向做立体式的发散思考。

发散思维的鲜明特征，就是在思维过程中充分发挥人的想象力。因此，培养发散思维，就要养成一种发散性思维的习惯，不管遇到任何的问题，首先要想到还有没有别的可能性。

相传，古希腊的佛里几亚国王葛第士以非常奇妙的方法在战车的轭上打了一串结。他预言：谁能打开这个结，就可以征服整个亚洲。一直到公元前 334 年，还没有人能打开。

这时候，亚历山大率大军侵入小亚细亚，他来到葛第士绳索前，不假思索便拔剑砍断了绳结。后来，他一举占领了比他的国家大 50 倍的波斯帝国。

亚历山大为什么能够打开葛第士的结？除了他那果敢的性格外，更重要的是他完全抛弃了传统的思维方式。别人在“解”上做文章，他则挥刀断之。这一“解”一“砍”表明了亚历山大的思维异于常人。

第三，转向思维。转向思维是指人们在思考问题时，其思路在一个方向上受阻时，便马上转向另一个方向。这就是“打得赢就打，打不赢就走”。或者说是“换一个地方打井”。

“换一个地方打井”，是著名的思维学家、“创新思维之父”德·波诺提出的概念。这个概念的意思非常明确，就是在碰到难以解决的问题时，不要一条道走到黑，要学会转换思路。思路一变，问题就可能迎刃而解。

在美国西北某地，一到冬天，电影院里就常有戴帽子的女观众。她们的帽子很影响后面观众的视线。为此，放映员多次打出“影片放映时请勿戴帽”的字幕，但始终无人理睬。

后来，放映员经人指点，打出了一则通告，通告说：“本院为了照顾衰老高龄的女观众，允许她们照常戴帽子，不必摘下。”

这个通告一出，所有戴帽子的女观众都摘下了帽子。因为她们谁都不愿意被看作“衰老高龄”。

这则通告的成功，就源于适合女性心理特点的思维转向。

事实说明，思维转向，往往是低成本的投入，高效益的收获。

一天，犹太富翁哈德走进纽约花旗银行的贷款部。他大模大样地坐了下来。

贷款部经理赶忙上前招呼：“先生，有什么事情需要我的帮助吗？”

“噢，我想借些钱。”

“好啊，你要借多少？”

“1美元。”

“只需1美元？”

“是的，只借1美元，可以吗？”

“当然可以，不过您这样的绅士，只要有担保，多借一点也可以。”

“那这些担保可以吗？”哈德说着，从精致的皮包里取出一大堆珠宝堆在柜台上。

“喏，这是价值 50 万美元的珠宝，够吗？”

“当然，当然！不过，你只借 1 美元？”

“是的”，哈德接过 1 美元，准备离开银行。

一直在旁边观看的银行行长此时有点糊涂了，他怎么也弄不明白这位犹太人为什么抵押 50 万美元，却借 1 美元。

他急忙追上前去，对哈德说：“先生，请等一下，我想知道你有价值 50 万美元的珠宝，为什么却只借 1 美元呢？假如你想借 30 万、40 万美元的话，我们也会考虑的。”

“啊，是这样的：我来贵行之前，问过好几家金库，他们保险箱的租金都很昂贵，而你这里却很便宜，一年才 6 美分。”

我们看，不同的角度产生了不同的结果。放到金库存，要花昂贵的保险费用，而借债抵押，一年只需要 6 美分。

第 10 章　落实要关注战略目标

确立战略目标，需要两个眼光：一个是世界的眼光，一个是历史的眼光。历史的眼光是知己，世界的眼光是知彼；历史的眼光发现经度，世界的眼光发现纬度。

世上的事，就像下棋一样，“小者赢子，大者赢势。”比尔·盖茨为什么能成为世界首富，关键的原因，就是他的战略目标正确。如果他 20 多年前开办的是一个卖袜子的摊子，他是不可能成为世界首富的。落实也是如此。成功的落实，一定要先有正确的决策目标。

一、战略目标的制定必须考虑落实能力

有一群老鼠，吃尽了猫的苦头。于是，它们坐下来讨论对付猫的方法。鼠王要求，这种方法一定要能一劳永逸。

老鼠们商量来商量去，也想不出一个好主意。最后，还是鼠王“高明”，想出了一个注意。它认为最好的办法就是给猫挂个铃铛。这样，铃铛一响，老鼠们就知道猫来了，这就等于给鼠国报了警。

老鼠们一听，顿时佩服得五体投地。但等它们要落实这一“战略目标”的时候，却发现，这个办法好是好，但谁去给猫挂铃铛呢？从鼠王到众鼠，都不具备给猫挂铃铛的能力和绝技。

鼠王的“战略目标”不能说不高明，但是这一“战略目标”的制定，却远离了鼠国的“国情”，背离了众鼠们的实施能力。于是，鼠王的“战略目标”就成了难以落实的空想了。

这则寓言故事告诉我们：战略目标的确立，必须考虑到组织成员的落实能力。换一句话讲，就是战略目标的制定，一定要具有适度性。战略目标应该既不能太高，也不能太低。应该高低适度。太高了实现不了，太低了目标很容易实现，没有挑战性。

党的十八大提出的到“2020 年全面建成小康社会”的战略决策目标，就体现了适度性。

要全面建成小康社会，在经济发展上，“实现国内生产总值和城乡居民人均收入比 2010 年翻一番。”这是两个新指标：一个是经济总量指标，一个是人民生活指标。

2010 年中国国内生产总值（GDP）为 397983 亿元，约合 6.04 万亿美元；2010 年我国人均 GDP 是 29992 元，约合 4736 美元，那么，实现国内生产总值和城乡居民人均收入比 2010 年翻一番，人均 GDP 应该是人民币 59984 元，约合 9472 美元。这是明确而具体的目标。

有专家研究分析，按照我们现在的发展速度，“实现国内生产总值和城乡居民人均收入比 2010 年翻一番”，是完全可以实现的。

而且这一目标的实现，不是遥遥无期的，而是 2020 年，这就提出了具体的时间限制。“国内生产总值和城乡居民人均收入比 2010 年翻一番”，而不是跑步进入共产主义。

二、战略目标的制定要从隐性走向显性

有的组织，虽然也有战略目标，但这些战略目标只存留在领导者的头脑中，或者只有领导班子成员知道，而广大组织成员并不知晓。这种战略目标就是一种隐性的战略目标。

实践证明，一个隐性的战略目标无论是多么伟大，多么高明，也是难能被有效落实的。只有明晰可见的战略目标，才能成为组织成员前进的方向，才能成为激励组织成员奋斗的力量。

因此，组织的战略目标要想真正得到贯彻落实，就必须提高它的能见度，从隐性走向显性。要让组织中的每一个部门、每一个员工都能清楚地了解组织的战略目标，深刻地理解组织的战略目标，从而使组织成员能够围绕这个战略目标统一思想和行动，形成共识与合力。请看北京人大附中刘彭芝校长是怎样让战略目标从隐性走向显性，并让学校的全体教职员工认同这一战略目标的：

1997 年 6 月 28 日，在民主选举的基础上，刘彭芝被中国人民大学任命为人大附中校长。7 月 3 日，在她上任的第五天，她就在学校图书馆二层的阶梯教室，向全校教职员工宣布了人大附中发展的战略目标——国内领先，国际一流，创世界名校。

正是这明晰可见的战略目标，成了人大附中教职员工奋斗的方向。

隐性目标显性化，并不是简单地告知了事，而是要反复地进行宣传、讲解、灌输。只有这样，才能使组织成员真正理解组织的战略目标，认同组织的战略目标，并内化为自己的行动。

人大附中的刘彭芝校长在学校图书馆二层的阶梯教室，向全校教职员工宣布了人大附中发展的战略目标时，并没有得到预期的相应；相反，更多的是疑惑，是不敢相信。甚至有的老师还低声议论说：

“国际一流？太狂了吧！”

“太不现实了！”

刘彭芝校长曾套用南唐词人冯延巳在《谒金门》中的一句词来形容人大附中“国内领先，国际一流”战略目标提出时的情景：“风乍起，吹皱一池春水。”

战略目标的提出没有得到呼应。但刘彭芝校长并不懊恼。她了解人大附中的历史，了解人大附中的师生，了解人大附中的潜能。她也知道国内国际教育发展的趋势，知道人大附中所处的方位。她坚信“国内领先，国际一流”的战略目标最终能被大家接受，并能通过内心的认知，转化为自觉的行动。

刘彭芝校长认为，未来的战略目标是否准确，前提是现在的定位准不准；要让大家认同你的目标，首先得让大家认同你的定位。定位的过程，就是统一思想的过程。

她说：“找准现在的定位，需要两个眼光：一个是世界的眼光，一个是历史的眼光。只有用世界的眼光和历史的眼光看教育，才能看清世界基础教育已经发展到了什么水平，中国的基础教育又发展到什么水平，才能明确知道中国的基础教育在世界上处于什么位置，人大附中在中国的基础教育又处于什么位置。历史的眼光是知己，世界的眼光是知彼；历史的眼光发现经度，世界的眼光发现纬度。只有知己知彼，经纬交织，我们才能最后确定人大附中的定位。”[1]

于是，她在大会小会上反复讲这两个眼光的重要性，用很大的精力引导大家用两个眼光找准人大附中的定位。她的心血没有白花。正是在用两个眼光找定位的过程中，各种议论逐渐少了，越来越多的教职员工认识到，世界的教育发展离不开中国，中国

1. 刘彭芝：《人生为一大事而来》，高等教育出版社，2004 年 9 月第 1 版，第 8 页。

的教育发展也离不开世界。中国的基础教育在国际上是有地位的，经过40多年的奋斗，人大附中已经是北京乃至全国的名校，我们具备创办“国内领先，国际一流”学校的资格，通过不懈的努力，我们能够实现创办世界一流学校的目标。

1997年6月到1998年6月，是人大附中明确定位、树立目标、统一思想的关键的一年，这一年虽然很艰难，但他们挺过来了。

三、战略目标的制定要从抽象走向具体

一般说来，战略目标的表达往往比较抽象，如“创建世界一流企业”，“提供优质服务”“国内领先，国际一流，创世界名校”，等等。这种抽象的表达，虽然能使组织成员知道奋斗的目的地在哪里，但却难能知道为了实现这一战略目标该如何做，做些什么。因此，战略目标的制定，还要从抽象走向具体，使抽象目标实质化。换一句话讲，就是让组织成员能够感知战略目标，能够看得见战略目标。比如，GE前CEO韦尔奇就将“提高产品质量的战略目标”表达为:“在5年之内，GE的产品质量达到六西格玛的品质要求。”对此，GE前董事长波西迪认为：“GE提高产品质量的计划这才开始具有真正的内涵，而不只是停留为口号。”[1]

我非常欣赏这样一句话：“凡事都要具体，一具体就深入。”战略目标的制定也是如此。抽象的、形同于口号的战略目标，缺乏落实的依据和基础，目标和行为之间的关系不紧密，因此，难

---

1. 转引自彭志强、刘燕、王湘云：《卓越执行》，机械工业出版社，2005年7月版，第89页。

能真正贯彻落实。人大附中的刘彭芝校长深明此理。

人大附中“国内领先，国际一流，创世界名校”的战略目标确定之后，刘彭芝校长又引导学校的教职员工密切关注世界一流学校，精心研究世界一流学校。在综合了大家的意见之后，她阐述了对世界一流中学的理解。她说：

“我心目中的世界一流中学起码要具备以下条件：一是要有世界一流的办学理念；二是要有世界一流的教师队伍；三是要有世界一流的学生来源；四是在课程的广度和深度上要领先于世界平均水平；五是在师生比例上要低于世界平均水平；六是要有世界一流的硬件设备，比如图书馆、建筑面积、电脑网络、体育设施等；七是要有相当广泛充足的财政来源；八是毕业生考入一流大学的比例要明显高出一般中学；九是在国内外要有较高的声望；十是综合以上条件，形成世界一流的校园文化和精神气质。”[1]

抽象的目标具体化之后，使人大附中的教职员工清楚了世界一流中学到底是个什么样子，从而发挥了目标对行为的指导作用。也就是说，大家知道如何去做了。

正确而具体的战略目标激励着人大附中的教职员工，他们齐心协力为着这一战略目标而努力。现在人大附中已经基本上实现了“国内领先，国际一流”的战略目标。

1. 刘彭芝：《人生为一大事而来》，高等教育出版社，2004 年 9 月第 1 版，第 12 页。

第 11 章　落实到位须细节到位

成功离不开细节的积淀。细节虽“细”，但集腋能成裘，积土能成山。“细”中见精神，“细”中见功力。

任何工作任务的完成和落实，都是由很多个细节组成的。因此，在落实执行中，还必须重视细节。否则，就会功亏一篑。美国“哥伦比亚”号航天飞机的爆炸就是明证。

2003 年 2 月 1 日，美国航天飞机“哥伦比亚”号，完成了预定的任务，返回地面。就在即将着陆前，“哥伦比亚”号意外发生了爆炸。航天飞机上的七名宇航员全部遇难。全世界为之震惊。

事后的调查结果显示，导致这一航天灾难的凶手，是一块脱落的隔热瓦。

正是这个隔热瓦的“细节”，使得“哥伦比亚”号功亏一篑，七条宝贵的生命也因之而魂销太空。

由此可知，细节到位，才能真正落实到位。否则，一个小小的细节，就可能毁掉整个局面。

一、细节铸就伟业

任何伟业的铸就，都离不开细节的支撑。零售业巨子沃尔玛为什么能登上美国乃至世界的第一把交椅，成为《财富》500 强的龙头？一个关键的秘密，就是它在战略正确的前提下，对细节的关注，由细节成就了伟业。这可以从以下三条原则中看出：

第一，日落之前原则。所谓日落之前原则，就是今天的工作必须在今天日落之前完成。对于顾客的服务要求必须在当天予以满足，做到日清日结，决不拖延推迟。

日落之前原则的核心就是立即服务。它源于公司创始人山姆·沃尔顿的名言："如果你今天能够完成的工作为什么要把它拖到明天呢？"

今天，日落之前原则已经成为沃尔玛公司企业文化的重要部分，也是沃尔玛在顾客服务方面备受赞赏的一个非常重要的原因。

第二，极致服务原则。沃尔玛公司创办不久，其创始人山姆·沃尔顿就对他的员工提出了一个极致服务的要求。所谓极致服务，就是要向每一位顾客提供比满意更满意的服务。

山姆·沃尔顿认为，一项服务做到让顾客满意还不够，还应努力想方设法加以改进，以期提供比任何其他商店更多更好的服务。这种服务甚至超过了顾客原来的期望。

为了实现这一点，沃尔顿制定了许多管理规则。有名的"十步态度"就是其中的一项规定。所谓"十步态度"，就是要求员工，无论何时，只要顾客出现在你十步距离范围内，员工必须温和地看着顾客的眼睛，主动打招呼，并询问是否需要帮什么忙。

沃尔玛公司的"超过期望"原则，可谓做到了极致。比如，对于员工的微笑，沃尔顿都有一个量化的标准："三米之内，露出你上八颗牙微笑。"

沃尔玛公司对顾客提供的"超过期望"的极致服务赢得了顾客的赞赏，他们纷纷写信表达谢意。顾客们更愿意在沃尔玛公司购物，因为在这里，他们总是感到非常亲切。

第三，薄利多销原则。薄利多销原则并非山姆·沃尔顿的首创，但像沃尔玛公司这样实行力度之大，涉及范围之广，持续时间之久，运用之成功，却很难找到第二家。

在世界各地，不管你走进哪里的沃尔玛，都能看到一个最醒目的标志："天天低价"。沃尔玛公司的高级管理人士回忆说："山姆·沃尔顿非常迷恋这种经销原则，并要求将这一原则作为公司的基本经营原则之一加以认真贯彻执行。"他们还举例说，对于拟订标价为 1.98 美元的商品，他说 50 美分就可成交，我们建议，既然拟订价格为 1.98 美元，我们就标 1.25 美元吧，他说不，我们就标 50 美分。这种令人不敢相信的优惠价格使得公众普遍认为去沃尔玛公司购物是物有所值。

沃尔玛公司的薄利多销原则，并没有使沃尔玛公司遭受损失，反而使公司赚得了更多的利润。"1955 年，《财富》杂志开始给巨型企业排座次时，沃尔玛还根本不存在。1979 年，沃尔玛的销售额才首次达到 10 亿美元，可到 1993 年，一周的销售额就达到这个数，2001 年更是一天就予以完成。"[1]

正是这无数的细节，支撑着沃尔玛公司成就了零售业龙头老大的伟业。

二、细节积淀成功

在 20 世纪，世界上有四位最伟大的建筑师。密斯·凡·德罗就是其中的一位。

有人曾经要求他用一句最概括的话来描述他成功的原因。他只说了六个字："魔鬼在细节中。"

1. 东方赢：《两零售巨贾多年比拼终有果》，《中国经营报》，2002 年 2 月 11 日。

密斯·凡·德罗认为，不管你的建筑设计方案如何恢宏大气，如果对细节的把握不到位，就不能称之为一件好作品。他说，细节的准确、生动可以成就一件伟大的作品，细节的疏忽会毁坏一个宏伟的规划。

现在，全美国最好的戏剧院有许多都是出自德罗之手。他在设计每个剧院时，都要精确测算每个座位与音响、舞台之间的距离，以及因为距离差异而导致的不同听觉、视觉感受，计算出哪一些座位可以获得欣赏歌剧的最佳音响效果，哪一些座位最适合欣赏交响乐，不同位置的座位需要做哪些调整方可达到欣赏芭蕾舞的最佳视觉效果。不仅如此，他还一个座位一个座位地去亲自测试和敲打，根据每个座位的位置测定其合适的摆放方向、大小、倾斜度、螺丝钉的位置等。

密斯·凡·德罗为什么能成为一个伟大的建筑师，这就是答案。

可见，成功离不开细节的积淀。细节虽“细”，但集腋能成裘，积土能成山。“细”中见精神，“细”中见功力。

第一，细节蕴藏着机会。美国华克公司的高伍先生，就是运用一个别人没有注意到的细节为公司赢得了机会。

有一年，高伍所在的华克公司在费莱台尔亚承包修建了一座办公大厦。华克公司自承包修建之日起，所有的项目都按预定计划顺利进行着。

谁知，工程接受尾声，进入装修阶段时，负责提供大厦外部装饰铜器的工厂却突然来电通知他们不能按时交货。显然，装饰铜器不到位，装饰就成了一句空话，大厦的彻底完工也就成为泡影。

而大厦不能准时完工，华克公司必将蒙受巨大的经济损失。因此，华克公司的头头脑脑们都非常焦急，但多次长途电话以及派人反复交涉，都无济于事。最后，公司决定派高伍先生前去谈判。

高伍先生不愧为谈判的高手，他一见到铜器厂的总经理，就称赞道:“经理先生，你知道你的姓名在勃罗克林是独一无二的吗？”

总经理很惊异：“不知道。”

高伍先生说：“噢，我今天早晨下了火车，在查电话簿找你的时候，发现整个勃罗克林只有你一个人叫这个名字。”

“这我还从来不知道。”总经理很惊喜地说，“要说我的姓名的确有点不平常，因为我的祖先是二百多年前从荷兰迁到这里的。”随后，总经理便饶有兴致地谈起了他的家庭和祖先。

待总经理说完，高伍先生又夸奖起他的工厂：“真想象不到你拥有这么大的铜器厂，而且我还真没见过这么干净的铜器厂。”

高伍的夸赞使总经理得意非常，他自豪地说：“它花费了我毕生的精力，我为它感到骄傲。”

总经理高兴地说完便热情邀请高伍参观他的工厂。在参观的过程中，高伍又不失时机地夸奖了工厂里几种特殊的机器，这使得总经理更为高兴。他告诉高伍，这几种机器都是他自己设计的。

不用说，“谈判”获得了满意的结果。总经理对高伍说，没想到我们的交往会这样令人愉快，你可以带着我的承诺回去。即使别的公司的订货拖延，你们的也保证按期交货。

很显然，高伍通过发现“整个勃罗克林只有你一个人叫这个名字”的细节，为公司赢得了机会。

第二，细节能创造效益。伊川杏子在东京一家贸易公司上班，专门负责客商的票务工作。

该贸易公司有位客户是德国某公司的商务经理。他经常往返于东京和大阪。伊川杏子时常要为他购买两地之间的往返火车票。

几个往返之后，这位德国商务经理发现了一个有规律的现象：每次去大阪时，座位总在右窗口；返回东京时，座位总在左窗边。

他觉得很奇怪，就向伊川杏子询问原因。伊川杏子笑着告诉他："火车开往大阪时，富士山在火车的右侧；返回东京时，富士山在火车的左边。我想，一般外国人都喜欢看富士山的美丽景色，所以我替您买了不同位置的车票。"

听了伊川杏子的回答，这位德国商务经理非常感动。他认为，在这样一件微不足道的小事上，这家公司的职员都能够想得这么周到，那么，跟他们做生意还有什么不放心的呢？于是，把对这家日本公司的贸易额由 400 万马克提高到 1200 万马克。

三、细节成就完美

惠普公司的创始人戴维·帕卡德说："小事成就大事，细节成就完美。"天使在细节中。

国际知名品牌 POLO 皮包凭着"一英寸之间一定缝满八针"的细致规定，20 多年来一直立于不败之地。

周恩来同志在欢迎尼克松的晚宴上，为尼克松挑选的乐曲，正是尼克松喜欢的那首《美丽的阿美利加》，这让尼克松大为感慨。

相反，魔鬼也在细节中。有许多事情功亏一篑，或不能有效落实，就是由于忽视细节所造成的。

在宝洁公司刚刚开始推出汰渍洗衣粉时，市场占有率和销售额都以惊人的速度向上飙升。

可是，没过多久，这种强劲的增长势头却逐渐放缓了。这是为什么？宝洁公司的销售人员非常纳闷。虽然他们进行过大量的市场调查，但一直都找不到销量停滞不前的原因。

于是，宝洁公司专门邀请消费者来参加产品座谈会，征求消费者的意见。

会上，有一位消费者说，汰渍洗衣粉销量下滑的关键原因，是它的用量太大。

参加座谈会的宝洁的领导，忙追问其中的缘由，这位消费者说："你看看你们的广告，倒洗衣粉要倒那么长时间，衣服是洗得干净，但要用那么多洗衣粉，算计起来更不划算。"

听到这位消费者的话，销售经理赶快把广告找来，算了一下展示产品部分中倒洗衣粉的时间，一共3秒钟，而其他品牌的洗衣粉，广告中倒洗衣粉的时间仅为1.5秒。

不看不知道，一看吓一跳。宝洁公司的领导们明白了，就是广告上这一细小的疏忽，影响了汰渍洗衣粉的销售和品牌形象。

在汽车行业，还流传着一个"谁是聪明人"的故事。故事说：

几位中国技工到德国汽车厂接受培训。他们被分派的任务是拧螺丝钉。

工艺要求，先要顺时针拧两圈，再往回拧半圈。德国工人按规程操作，而这几位中国工人则琢磨着：不就是拧一圈半嘛。

于是，他们几位就开始拧一圈半。中国人的工作进度大大加快。但他们不明白，往回拧半圈这个工艺细节，是让车轮处于既不过紧也不过松的状态。

原来，许多司机说国产车不舒服，关键在于对工艺细节缺乏把握和规范。[1]

“细小”的东西可“成大事”，亦可“乱大谋”。

四、细节没有止境

所谓细节没有止境，就是说，做任何事情都应该精益求精。组织成员有了这种精益求精的精神，才能把上级交给的工作任务真正落实好。精益求精，要求组织成员做到：

第一，按标准做事只是最起码的要求。每一位组织成员都应该有这样的意识：在工作中，最低的要求，就是能按标准做事，不走样。但仅此是不够的，优秀的组织成员是不会满足于一般要求的，他会尽可能地把工作做得完美无缺。比如，校对工作。假如按照标准允许有万分之一的错误率，那么，优秀的校对工人绝对不会仅仅满足于这样的标准，他会竭尽全力地工作，想方设法地做到万无一“错”。

应该说，任何事情，只有做到100%合格，才是真正达到了标准。比如，生产电冰箱的厂家，它的1%错误，到了消费者手中，就是100%的问题。

---

1. 孙红：《魔鬼在细节》，《中国汽车报》，2002年8月26日第5版

第二，无论是大事小事都能做到极致。人们都清楚大事重要，但要知道，大事都是由小事累积而成。没有小事的累积，也就成不了大事；忽视小事，就有可能败坏大事。

“蝴蝶效应”理论告诉我们：一个极小的起因，经过一定的时间，在其他因素的参与作用下，就有可能发展成极为巨大和复杂的后果。所以，无论大事小事，都要做得一丝不苟。

第三，落实工作任务要追求“零错误”。在管理学上，有一个“驾驶舱管理理论”。所谓“驾驶舱管理理论”，就是说，飞机每次起飞前，正副驾驶员都要根据规则要求，对驾驶舱进行严格的检查，一项都不能遗漏。人们称这个驾驶舱为“零错误舱”。

作为组织成员，做任何工作，都应该追求“零错误”。否则，一个人错了一点点，累积起来，就会铸成大错。正如《淮南子·缪称训》所言：“积羽沉舟，群轻折轴，故君子禁于微。”羽毛虽轻，但积攒起来，可以把船压沉；一群人虽然很轻，但一道坐在车上，可以把车轴压断，所以，君子做事情对于不好的事情要从细微处禁止。下面这篇文章所阐述的事实就是例证：

2004年1月13日，科考船的大副赵文斌先生，在巴西的桑托斯参观了巴西海顺远洋运输公司。该公司门前竖立着一块高5米，宽2米的石碑，上面密密麻麻地刻满葡萄牙文字。当带领参观的巴方港务官员平静而严肃地用英语从头到尾念完石碑上的文字后，所有参观者都沉默了。那是一个关于责任的，让人心情沉重的真实故事。以下便是石碑上所刻的文字：

当巴西海顺远洋运轮公司派出的救援船到达出事地点时，“环大西洋”号海轮已经从海面上彻底消失了，船上二十一名船员亦渺无踪影。遗留于海面上的，就只有一个救生电台，而它尚在有节奏地发着求救的摩斯电码。

救援人员看着平静的大海发呆，谁也想不通，在这个海面情况极佳的地方到底发生了什么事，从而导致这条 (当时) 最先进的货轮沉没。这时，有救援船员发现电台下面绑着一个密封的瓶子，打开以后，内有一张纸条，21 种笔迹赫然书于纸上，上面写着：

一水理查德：3 月 21 日，我在奥克兰港私自买了一座台灯，作为给妻子写信时照明之用。

二副瑟曼：我看见理查德拿着台灯回船，说了句：“ 这个台灯底座轻，船晃时别让它倒下来 。”然而，并没有干涉。

三副帕蒂：3 月 21 日下午船离港，我发现救生筏施放器有问题，就将救生筏绑在架子上。

二水戴维斯：离港检查时，发现水手区的闭门器损坏，于是，我用铁丝将门绑牢。

二管轮安特耳：我检查消防设备时，发现水手区的消防栓锈蚀，心想还有几天就到码头了，到时候再更换仍未晚。

船长麦凯姆：起航时，工作繁忙，没有看甲板部和轮机部的安全检查报告。

机匠丹尼尔：3 月 23 日上午，理查德和苏勒的房间消防警报器连续报警，我和瓦尔特进去后，并未发现火苗，判定警报器误鸣，拆掉以后交给惠特曼，要求更换新的上去。

机匠瓦尔特：我就是瓦尔特。

大管轮惠特曼：我当时说正忙着，等一会儿拿给他们。

服务生斯科尼：3 月 23 日 13 点到理查德房间找他，他不在，坐了一会儿，随手开了他的台灯。

大副克姆普：3 月 23 日 13 点半，带苏勒和罗伯特进行安全巡视，没有进理查德和苏勒的房间，说了句："你们自己的房间，自己进去看看罢。"

一水苏勒：我笑了笑，没有进房间，跟在克姆普后面。

一水罗伯特：我也没有进房间，跟在苏勒后面。

机电长科因：3 月 23 日 14 点，我发现跳闸了，因为这是以前也出现过的现象，没多想，就将闸合上，没有查明原因。

三管轮马辛：感觉空气不好，先打电话到厨房，证明没有问题后，又让机舱打开通风阀。

大厨史若：我接马辛的电话时，跟他开玩笑说，我们这里有什么问题？你还不来帮我们做饭？然后问乌苏拉："我们这里都安全罢？"

二厨乌苏拉：我也感觉空气不好，但觉得我们这里很安全，于是，继续做饭。

机匠努波：我接到马辛电话后，打开通风阀。

管事戴斯蒙：14 点半，我召集所有不在岗位的人到厨房帮忙做饭，晚上会餐。

医生莫里斯：我没有巡诊。

电工贺尔因：晚上我值班时跑进了餐厅。

最后是船长麦凯姆的话：19 点半发现火灾时，理查德和苏勒的房间已经烧穿，一切都糟糕了，我们没有办法控制火势，而且火愈烧愈旺，直到整条船上都是火焰。我们每个人都犯了一点错误，但酿成了船毁人亡的大错……

看完这张绝笔字条，救援人员谁也没说话，海面上死一般的沉寂，大家仿佛清晰地看到整件事故的过程。[1]

看了这篇文章，我在想，如果理查德不私自购买一座台灯，如果瑟曼看见理查德拿着台灯回船，加以干涉，如果电工贺尔因晚上值班时没有跑进餐厅，这场悲剧完全可以避免，但可惜的是没有“如果”。

1. 赵文斌：《每个人只错了一点点》，《环球时报》，2005 年 3 月 2 日第 22 版。

第 12 章　落实的关键在执行力

心态决定状态，状态决定行为，行为决定结果。

对党的各项方针政策，对政府的各项工作安排，对本部门的各项规章制度，对自己所承担的各项工作任务，怎样才能不折不扣地贯彻落实？其关键在于执行力。

对“执行力”这一概念，有着许多不同的解释。联想集团总裁柳传志认为，“所谓执行力就是选拔合适的人员到恰当的岗位上”；戴尔电脑公司的老板迈克尔·戴尔先生说：“执行力就是员工在每一个阶段都一丝不苟地切实执行。”

这些描述，都从不同的方面说明了执行力的某一方面的内涵特征。

那么，到底什么是执行力？从落实的角度来讲，所谓执行力，就是组织成员在落实上级决策，完成工作任务，执行规章制度时，在主客观条件影响下，实际付出的能力。

由此定义而言，执行力不等于执行能力，执行力＝执行能力×实现系数。而实现系数的大小取决于执行者的工作作风、道德品质、工作态度等状态如何。比如，我有能挑一百斤的能力，但我的工作态度不好，我只挑50斤，所以，我实际付出的能力是50斤，而不是100斤。也就是说，我的执行力是50斤。

执行力是落实的关键。如果没有执行力，任何正确的方针政策，任何周密的工作计划，任何严格的规章制度，任何有益的工作任务，都不能得到有效地落实，都只能是纸上谈兵。所以，落实，必须要提升组织成员的执行力。

一、培养组织成员执行高于一切的意识

在一次企业管理沙龙上，沙龙主持人做了这样一个小测验：

主持人要求参与人员在 20 分钟内，将一份紧急材料送给羊城晚报社的社长，并请他在回条上签字。主持人特别申明：不得拆看信中的材料。

在这次测验中，有一名参与者大胆地打开了资料袋，发现是个空信封。当他发现是个空信封后，便提出了许多批评意见。

主持人问各位受邀嘉宾："作为一名执行者，你认为他这样做，对吗？"

受邀的嘉宾都是企业的老总。他们的答案是惊人的相似。他们认为："打开信封是不对的，绝对不能看。"

这是因为"在企业里，一名执行人员可以在执行任务之前尽量了解事实的背景，但一旦接受任务后就必须坚决地执行。领导层的命令，有的可以与执行者沟通，讲清理由；有的不行，有一定的机密性，有时就需要做而不需要知道。"[1]

因此，作为组织的领导者，一定要注意培养组织成员执行高于一切的意识，让组织成员能穷尽一切手段，不惜一切代价来落实上级决策，完成工作任务，执行规章制度。培养组织成员执行高于一切的意识需要从以下几个方面着力：

第一，忠诚精神。古今中外，人们对忠诚向来是推崇备至，认为它是做人的根基，是生命不可缺少的元素。我国清代的魏裔介说：

---

1. 西武：《做事做到位》，中国民航出版社，2004 年 10 月版，第 130 页。

“忠诚敦厚，人之根基也。”苏联著名作家费定说：“忠诚好比呼吸。它要是发生摇动，你就会立刻窒息。”

忠诚之士，也是人们广为赞叹传颂的对象。苏武“历尽难中难，心如铁石坚”的牧羊故事，岳飞“精忠报国”的事迹，文天祥“人生自古谁无死，留取丹心照汗青”的诗句之所以能够千古流传，就是明证。

美国著名作家阿尔伯特·哈伯德说：“如果能捏得起来，一盎司忠诚相当于一磅智慧。”我国也有名人这样说：“再多的智慧也抵不过一丝的忠诚”“忠诚胜于能力”“世上不缺少有才干的人，而缺少有才干而又忠诚的人。”中外名人的话虽然表达形式不同，但意思都是相同的，忠诚胜过智慧，忠诚胜过能力。强化组织成员执行高于一切的意识，首先要强化他们的忠诚精神。

第二，责任担当。责任担当是组织成员必备的基本素质。

组织成员有了这种基本素质，才能尽力、尽心、尽情、尽责地做好职责范围内应该做的事，担当起自身应该担当的责任。

组织成员有了这种基本素质，就能以主动积极的态度落实好该落实的工作任务，就会认真踏实地做好自身所肩负的各项工作，不偷懒，不耍滑头。即使自身所肩负的工作并不能给自己带来现实的利益，他也会兢兢业业地把它做好，做到位。著名地质学家李四光先生就是如此。

1964年，邢台发生了大地震。此时，李四光正生重病住院。当他得知消息后，便不顾医生劝阻，前往震区，察看震后地貌，收集各种资料。他说，作为一个地质学家，有责任了解第一手资料，尽快探索出一套预报地震的科学方法。

从李四光的身上，我们看到了一种对工作尽职尽责的精神。正是这种精神使他成为了著名的地质学家。卡尔·施密特也是如此。

卡尔·施密特是美国的动物学家。在他 67 岁时，他不幸被一条南美洲的剧毒蛇咬伤。

在生命垂危之际，他为了造福人类，获得毒蛇咬伤的第一手资料，竟以顽强的意志，忍受着巨大的痛苦，一丝不苟地记下了病情变化的感觉。

4 个小时后，他的伤口、鼻孔和嘴巴都出血了，但他依然用颤抖的手艰难地作了最后的记录。

施密特是在用生命诠释他的责任。真是生命不止，负责不息。

第三，诚实守信。培养组织成员的执行高于一切的意识，还需要践行诚信的价值观来作为保障。唐代著名大诗人李白，在他所写的《侠客行》中，曾经用“三杯吐然诺，五岳倒为轻”这样生动的诗句，来形容“诚信”的分量比五岳还重。

诚信的分量为什么比五岳还重？答案是多元的，但就落实来讲，诚信决定执行力。有诚信，才能实事求是，不说假话，不说大话，不说空话，真实不欺；有诚信，才能说话算数，讲信誉，重信用，不逃避自己所应承担的责任和义务。

二、探寻组织成员的执行力形成的动因

人的行为都是有目的的，而这种有目的的行为，都是出于对某种需要的追求。这就是说，需要，是驱使人们从事各项活动的

原动力。毫无疑问，执行也是一种行为，但它不是一种偶然的行为，它是“人在某种强烈的主要内在需要的驱动之下所产生的一种必然的、持久的行为。”[1]

人的强烈的主要内在需要都有哪些呢？1943年，马斯洛在他所著的《人类激励理论》一书中，首次提出了需要层次理论。他认为，人类有五个层次的需要：

第一，生理的需要。这是人类维持自身生存的最基本要求。它包括饥、渴、衣、住、性等方面的要求。马斯洛认为，这些需要还未满足到维持生存的程度时，其他的需求不会起到激励作用。因此，生理上的需要是推动人们行动的最强大的动力。

第二，安全的需要。这是人类要求保障自身安全，避免失去工作、丧失财产的需要。马斯洛认为，当人的生理需要满足之后，安全的需要就作为支配动机出现了。

第三，感情的需要。这一层次的需要包括两个方面的内容：一是友爱的需要，即任何人都需要爱和被人爱；二是归属的需要，即任何人都有一种归属于一个群体的感情，希望成为群体中的一员。马斯洛认为，如果生理需要和安全需要都得到了满足，就产生了感情的需要。感情的需要比生理的需要细致。

第四，尊重的需要。除少数病态者外，社会上任何的人都希望自己的社会地位稳定，自己的能力和成就能得到社会的认可。因此，尊重需要又可分为内部尊重和外部尊重两类。内部尊重，就

---

1. 周永亮：《组织执行力》，中国发展出版社，2005年4月版，第202页。

是人的自尊，希望自己能胜任各种工作，能独立自主；外部需要，就是一个人希望自己有地位、有声望，能受到别人的尊重，能获得别人的高度评价。

第五，自我实现的需要。马斯洛认为，自我实现的需要，是人的最高层次的需要。它是一个人最大限度地实现个人的理想、抱负，完成与自己的能力相称的一切事情的需要。

不同的人在不同的阶段会产生不同的主要需要，这些需要就是执行的动因，是导致执行这一行为产生的内在驱动力。

三、推动组织成员有效执行的方法路径

既然需要是执行力产生的内在动因，那么，领导者要推动组织成员去有效地执行工作任务，提升他们的执行力，就应该从其需要入手。

第一，宏伟目标推动。目标，是指行为所要达到的预期结果，是满足需要的对象。人的行为不是盲目的，它不仅有起因，而且有目标。目标对人的行为有导向作用，是行为的追求物。

领导者要推动组织成员的执行力，一定要注意用组织宏伟的目标来对组织成员的行为予以激励。

在目标激励时，要注意三个结合：一是将组织成员的个人奋斗目标与组织的目标相结合；二是将领导设置的目标与组织成员已有的目标相结合；三是将短期目标与长远目标相结合。

第二，物质薪酬推动。所谓物质薪酬推动，就是用物质刺激的方式，如工资、奖金、股权、期权以及其他的各种福利待遇，来

调动组织成员的积极性、主动性和创造性，推动他们产生强大的执行力。领导者运用物质薪酬推动组织成员的执行力，应该注意以下三点要求：

其一，避免金钱至上。物质激励能有效地调动组织成员的工作积极性。但运用这种激励方法，一定要与精神激励相结合，以免使组织成员掉进金钱至上的陷阱。组织成员一旦掉进金钱至上的陷阱，物质激励的方法就会失去效用。

其二，物质激励必须与工作成绩紧密地结合在一起。一般说来，在实施物质激励时，只有当预期的报酬与个人现在的报酬相比差距较大时，物质激励才能成为动力。因此，实施物质激励必须与工作业绩紧密地联系在一起。这样，物质激励才能成为强有力的激励因素。

其三，物质激励必须有规可依，不能违反有关的规定，乱发薪酬、乱发物质奖励。

第三，职业发展推动。可以肯定地讲，任何组织成员都有职业发展的追求。这种追求也是促使组织成员产生执行力的一个重要的动因。

一般说来，组织成员的职业发展主要体现在以下两个方面：

其一，职务晋升。在现实的社会中，人们常用职位的高低和金钱的多少来评价一个人是否成功。一个人获得了较高的职位，就意味着他拥有了相应的权力和薪酬。不仅如此，还意味着他的个人价值得到了社会的认可，他的事业发展到了新的阶段。因此，职位的升迁就成了组织成员考虑的重点。

其二，能力提升。我们在前面说过，不同的组织成员有着不同的需求，有的组织成员更看重自身能力的提升。也就是说，通过执行，不仅完成了组织交给的工作任务，而且在执行中增长了才干，提升了自身的能力。所以，对于这一类型的组织成员，自身能力的提升就是他的执行力的催化剂。

第四，适当施压推动。在管理领域，有一个著名的耶基斯和多德林法则。该法则认为，工作压力与工作绩效之间有着一定的关系，刺激力的最佳水平能使业绩达到顶峰状态。

所谓刺激力的最佳水平，就是适度的良性压力。心理学研究证明：压力较小时，工作缺乏挑战性，人处于松懈状态，缺乏工作动力，绩效也因之而受到影响；压力过大，超过人的心里承受时，人就会处于焦躁、烦恼的状态，压力就会变成阻力，从而使工作效率降低；而适度的压力，则能激发人的活力，使之产生动力，驱使他们更卖力地工作，把工作做得更好。所以，领导者有必要给其执行者施以适度的压力，来提高其工作效率，增强落实的力度。

对于不同的员工，应该使用不同的施压方法。但较为常见而有效的施压方法有以下两种：

其一，时间设限法。所谓时间设限，就是为执行者设置一个完成工作任务的最后期限。许多人在做事情时，都有拖拉的毛病，不到最后关头不着急。

在落实的流程中，有一个人拖延时间，就会影响整个系统的工作。所以，领导者在给下属布置工作任务之前，应该事先估计一下该项工作需要多少时间能完成。然后在布置工作任务的同时，提出完成该项工作任务的实现要求，并说明超过时限将要受到的处罚。这样，执行者就会在有限的时间里抓紧时间工作，把任务完成好。

其二，良性竞争法。竞争有不良竞争和良性竞争之说。不良竞争，会导致弄虚作假，钩心斗角，这无疑会影响工作的真正落实。所以，领导者一定要注意从行为方式上和制度上有效地遏制组织成员之间的不良竞争，促进组织成员之间的良性竞争。

良性竞争，表现的是见贤思齐、你追我赶、互相帮助的学习、工作气氛，大家心往一处想，劲往一处使，大家同心同德。这种气氛有益于提高组织的整体落实能力。

四、组织成员有效执行应有的素质要求

“素质”一词，最早见于生理学，指的是人的神经系统和感觉器官上的先天的特点。后来，素质又被人们用来泛指事物本来具有的内在特征。

在现实中，素质的内容和范围逐渐扩大，如人的性格、毅力、兴趣、风度、知识、能力等都可以用素质一词来加以概括。这样，素质一般指人在一定先天禀赋基础上通过后天实践修养而形成的内在要素。

组织成员有效执行到底需要具有哪些素质？回答这个问题虽然不是像哥德巴赫猜想那样困难，但也是非常不容易的。如果问一问我们的读者，在你们的心目中，组织成员有效执行应该具备什么样的素质，答案肯定是五花八门。换句话说，就是人们还没有

找到一个组织成员有效执行所应具有的素质的统一标准。

但一般说来，组织成员有效执行应该具备的素质要求，除了本书在“培养组织成员执行高于一切的意识”一节所谈到的“忠诚精神，责任担当和诚实守信”的素质之外，还需要具有以下的素质要求：

第一，意志坚韧。“锲而舍之，朽木不折；锲而不舍，金石可镂。蚓无爪牙之利，筋骨之强，上食埃土，下饮黄泉，用心一也。蟹六跪而二螯，非蛇鳝之穴无可寄托者，用心躁也。”这是荀子《劝学》中的一段话。荀子的意思是说，拿刀子来雕刻东西，如果中途停止了，腐朽的木头也刻不断；如果不停地刻下去，即使是金石也是能雕刻的。蚯蚓没有锋利的爪牙和强劲的筋骨，但它却能上吃泥土，下饮泉水，这是因为它用心专一的缘故；螃蟹有六条腿和两只大钳，然而没有蛇鳝的洞穴它就无处容身，这是因为它心浮气躁的缘故。

荀子虽然是在劝学，但对“落实”，也同样有着启迪的作用。

落实，说起来简单，但要真正把工作落实到位，没有锲而不舍的精神是办不到的。因为一个人在落实的过程中，必然会遇到许许多多的矛盾，必然会遇到形形色色的问题。面对矛盾和问题，如果没有锲而不舍的精神，就会半途而废；只有锲而不舍，迎着矛盾和困难上，才能化解矛盾，才能克服困难。

宋代著名文学家苏轼在《晁错论》中说过：“古之立大事者，不惟有超世之才，亦必有坚忍不拔之志。”力量并不是体力的代名词，真正的执行力是坚忍不拔的钢铁意志产生的。对此，波斯著名文学家萨迪在《蔷薇园》中更有个形象的说法。他说："事业常成于坚忍，毁于急躁。我在沙漠中曾亲眼看见匆忙的旅人落在从容的后边；疾驰的骏马落在后头，缓步的骆驼继续向前。"坚忍不拔的钢铁意志在执行过程中所能发挥的作用是才干、天资等所代替不了的。唯有坚忍不拔，坚定信心，才能无往而不胜。

古今中外的成功者的经验证明，正确的目标确定之后，谁不言放弃，意志坚韧，持之以恒，谁就是最后的胜利者。

欧立希发明治疗昏睡病和梅毒病的"606"(砷矾纳明)，前后失败了605次。但他不灰心，不畏缩，继续试验，终于在606次获得了成功。

谁都希望事事成功，而且能够一蹴而就。但实际上，人不可能永远事事成功，也不能一蹴而就，失败是在所难免的。这就要求组织成员能有坚忍不拔的意志。欧立希如果缺乏这种意志，"606"就不会被发明创造出来。

第二，阳光思维。所谓阳光思维，就是遇事要朝好的方面去想。

爱迪生曾经尝试用1200种不同的材料做白炽灯泡的灯丝，都没有成功。有人对他说"你已经失败了1200次了。"可是爱迪生不这么认为，他充满自信地说："我的成功就在于发现了1200种材料不适合做灯丝。"

这就是阳光思维。正是由于这种阳光思维，他继续努力试验，最终找到最适宜做灯泡的灯丝，获得了成功。

从"杯子是半满"到"杯子是半空"，表面上没有什么区别，却反映了两种完全不同的心态。

阳光思维是坚定胜利成功信心的前提。孙中山先生在《建国方略·自序》中说：“吾心信其可行，则移山填海之难，终有成功之日；吾心信其不可行，则反掌折枝之易，亦无收效之期也。心之为用大矣哉！夫心也者，万事之本源也。”在孙中山先生看来，如果你相信自己所做的事情能够成功，那么，即使是移山填海这样难做的事情，终究会有成功的时日；如果你相信它成功不了，即使是反一下手掌、折断树枝这样容易的事情，也没有收效的日期，信心的作用是非常大的，信心是万事成功之本源。

第三，业务娴熟。组织成员要想有效地执行，光有想干事情的激情是不够的，还必须具有很强的业务能力，这样才能真正有效地执行，真正地落实。曾经看到过这样一个故事：

某木器厂的采购员到商店去买了几把斧头。可是，当他拿着发票到会计那儿报账时，会计却吃惊地问他：“你怎么把你爹的头买来了？”

采购员以为会计戏弄他，正要发火，但接过发票一看，自己也愣了。原来，营业员将“斧头”写成了“爹头”。

采购员气冲冲地跑到商店，质问营业员，又让她给重开了一张发票。谁知，采购员拿起发票再一瞅，连发火的劲都没了，只剩下苦笑了。你猜怎么着了，那“爹头”居然又换成了“爷头”。

作为营业员，起码自己销售的物品的名称应该会书写，这是她的基本业务能力。但她却连“斧头”的“斧”都不会写，这样的营业员怎么能有效地执行、真正地落实工作任务呢？

第 13 章　提高工作效率促落实

第一次就把事情做对。今日的事必须今日毕。有了任务马上去做。

有效落实，应该有时间限制作为约束条件。如果没有这一约束条件，一项简单的任务，几十年了才完成好，用俗语说，是“黄花菜都凉了”。所以，必须要管理好时间保证落实，提高工作效率来促进落实。怎样管理好时间保证落实，提高工作效率促进落实呢？

一、管理好时间保证落实

有一回，马克·吐温走进教堂去听一个牧师布道。最初，他觉得牧师讲得很有力量，打算在捐款时拿出他带来的所有钱。可是，十分钟过去了。牧师还没完没了地讲。于是，马克·吐温改变了主意，准备只捐出很少的零碎钱。

又过了十分钟，牧师还在啰唆，马克·吐温决定一个钱也不给了。

等到牧师终于讲完，收款的盘子递到他的眼前时，他气得不仅没有捐款，反而从盘子里拿走了两美元。

马克·吐温给这位牧师上了生动的一课：不能有效地管理时间的人、浪费别人时间的人，是要受到惩罚的。

我们也同时悟出这样的道理：时间就是生命，时间就是金钱，时间就是落实工作任务的保证。

第一，时间是一种稀有资源。时间是一种非常稀有的资源。这是基于它的以下特性而言的：

其一，时间无法节流。人们可以储蓄金钱、积累知识，但却无法储蓄时间。不管人们是否愿意，他都得按照一定的速率消费时间，根本无法针对时间进行节流。就连孔子这位圣人都感慨：“逝者如斯夫，不舍昼夜。”

其二，时间不可逆转。常言道：“光阴似箭，一去不返。”时间不可能像遗失的物品那样，还有失而复得的那一天。它流逝了就永远地流逝了，不会再重来。

其三，时间无法取代。时间是一切活动赖以存在的基本资源。而且这一资源是无法用其他资源取代的。一个人即使有金钱、有技术，但如果他没有了生存的时间，他的一切活动就将停止。可以说，没有时间，人类的任何活动都将不复存在。

虽然时间是稀有资源,但真正懂得珍惜这稀有资源的人并不多。君不见，一些人“早上围着轮子转，中午围着盘子转，晚上围着裙子转”。不管是围着什么转，都是在浪费时间这稀有资源。因此，有必要对组织成员强调一下“时间管理”的概念，即如何克服时间浪费，以便有效地完成组织的既定目标。

所谓时间管理，管理的对象并非是时间，而是面对时间而进行的自我管理。因为时间总是按着一定的速率光临与消失，所以，时间本身是无法管理的，能管理的只是享用时间的人。因此，一个人要想真正珍惜时间，不浪费时间，就应该面对时间而进行自我管理。

第二，查明时间管理的误区。组织成员要面对时间而进行自我管理，必须查明时间管理的误区所在，这样才便于对症下药，避免时间的浪费，从而摆脱忙碌的局面，将精力用在刀刃上，保证工作的落实。

所谓时间管理的误区，就是导致时间浪费的各种因素。导致组织成员时间浪费的因素很多，一般说来，下面的几点带有共性。

其一，工作无计划、无主次。工作无计划、无主次，是重要的浪费时间因素。半个世纪之前，曾发生过这样一个故事：

一天，伯利恒钢铁公司总裁查尔斯·史瓦对他的管理顾问李爱菲说："请你告诉我怎样才能在办公时间内做妥更多的事，我将支付给你足够的顾问费。"

听了查尔斯·史瓦的话，李爱菲递给他一张纸，并对他说："写下你明天必须做的最重要的各项工作，并按重要性的次序编排。当你明天早上走进办公室后，先从最重要的那一项工作做起，并不断地做下去，直到做完该项工作为止。然后，你开始着手进行第二项重要的工作。即使你所进行的工作花掉了你全天的工作时间，也不必担心。只要你手中的工作是最重要的，就坚持做下去。假如你按这种方法还完成不了全部的重要工作，那么，按其他方法也同样完成不了。……将上述的一切变成你每一天的工作习惯。如果这个建议有效，请你把它提供给你的部属采用。这个建议试验时间的长短，由你来决定。试验后，请将你认为这个建议所值的金钱数额，用支票寄给我。"

几个星期之后，查尔斯给李爱菲寄去了一张两万伍千美元的支票，并附言说："你给我上了极有价值的一课。"

查尔斯的朋友听说此事后，问他："为什么为一个如此简单的观念付出了那么大的代价？"查尔斯告诉他，经过李爱菲的指点，他和他的属下才开始养成"先做重要的事"的习惯。

据说伯利恒钢铁公司后来成为世界上最大的独立钢铁制造商，与李爱菲的这一席话有着很重要的关系。

伯利恒钢铁公司的故事充分说明了工作有计划，工作分主次的重要性。工作有计划，才能保证时间的充分利用，使工作效率得到最大的提高；工作分主次，才能保证在有限的时间内完成各项工作任务。

其二，事无巨细，一概躬亲。这一点主要是针对负有领导职务的组织成员而言的。有位资深的学者曾为领导下过这样一个定义："领导，就是组织他人把事情办好。"可是，现实生活中，有许多领导却总是力图通过自己把事情办好。事无巨细，一概躬亲。结果，一些琐碎的事务占用了他大量的时间，而剥夺了他思考大事、做领导的事的时间，由此而造成了时间的浪费。

其三，他人所托事务的干扰。这里所说的他人所托事务不包括职责范围内所必须办理的事务，而是指这样两类：一是跟自己职责有关，但所请托之事是不合时宜或不合情理的；二是跟自己职责无关，自己完全没有义务甚至也没有能力办理的事务。

其四，不速之客的光临。孔子云："有朋自远方来，不亦乐乎？"但对于繁忙的组织成员来说，未经预约的客人突然造访，却让他无法高兴。因为客人不约而至不仅会扰乱他正常的工作秩序，还会使他无法专心致志地进行工作。

第三，有效管理时间的方法。组织成员要想从忙碌的状态中解脱出来，避免时间的浪费，从而将有限的时间充分用在实现组织目标的目的上来，必须寻求有效的方法，摆脱时间管理的误区。

其一，为工作制订科学的计划。计划，是预先对一定时期的工作做出的打算和安排。工作是否有计划，直接关系到工作效率的高低，关系到工作任务能否尽快地落实。

实践证明，工作有计划的组织成员，以积极的态度进行工作，从而使工作过程缩短，工作效率提高；工作无计划的组织成员，以消极的态度应付工作，从而使工作过程延长，工作效率降低。因此，为工作制订计划，是避免时间浪费，提高工作效率，摆脱忙碌状态的最重要方法。

其二，改变事必躬亲的领导方式。事必躬亲，是一种传统的领导方式，但却不是科学的领导方法。事必躬亲是小生产的产物，在社会化大生产的今天，这种领导方式是应该抛弃的。

事必躬亲的领导方式，会使领导者不分轻重缓急地使用时间，从而把宝贵的时间消耗在细小的琐事上，而忘记了领导位置的要求。

领导者应该记住：领导只能指引带领群众前进，不能代替群众前进。因此，领导者一定要学会用授权的方式来使自己有更充裕的时间来思考领导的事，来做领导的事。

其三，学会拒绝不合理的请托。如果他人请求的是自己职责内责无旁贷的事，就应该尽心尽力地办好，但如果是不合时宜或不合情理的请托，是自己完全没有义务甚至也没有能力办理的事务的请托，则需要学会拒绝。千万不要因为担心伤害别人的情感而盲目应承。如果盲目应承，不仅会因请托的事情不合理而导致原则性的丧失，还会扰乱自己已排定的科学工作次序，浪费自己的工作时间。因此，组织成员应该学会拒绝不合理的请托。

其四，避免不速之客的打扰。我们强调要避免不速之客的打扰，并非是让组织成员脱离群众。有的组织成员为了表明自己联系群众，采取无条件的“门户开放”政策，群众有问题、建议可以随时随地找上门来。结果，不速之客纷至沓来，影响了他正常的工作秩序。

科学的做法应该是有条件的门户开放，可由秘书安排接待的事宜，可规定接待群众的时间，来集中处理政务。这样，问题得到了解决，还可节省大量的时间。

其五，减少不必要的应酬。有些应酬是必要的。必要的应酬，该应酬还得舍命陪君子。但也有些应酬则是不必要的，对于不必要的应酬，完全可以推托。问题是自己想不想推托。如果想推托的话，运用“不去”这两字“秘诀”就足以解决问题。

总之，要保证工作任务的按时完成落实，必须有时间做保证；没有时间的保证，一切都可能是空谈。

二、第一次就把事情做对

“第一次就把事情做对（Do it Right the First Time）”这个概念最早是由著名管理学家克劳士比提出来的。这一概念是他著名的“零缺陷”管理理论的精髓。

所谓“第一次就把事情做对”，简单说来，就是第一次就把事情做得符合要求。

第一次就把事情做对，不仅可以有效地减少做错工作所带来的成本损失，还可以有效地避免浪费时间，提高落实工作任务的效率。

如果第一次没有把事情做对，就会导致原材料、金钱、时间、精力的损失和浪费。请看下面的案例：

1984 年，34 岁的张瑞敏走马上任，担任青岛市海尔电冰箱厂的厂长。

张瑞敏刚一上任，就颁布 13 条规定，从禁止随地大小便开始，揭开了海尔现代管理之路。

1985 年的一天，一位客户来到海尔，说是要买一台冰箱。结果这位客户挑了很多台都有毛病，最后才勉强拉走了一台。

客户走后，张瑞敏让人把库房里的 400 多台冰箱全部检查了一遍。结果，他们发现这些冰箱中共有 76 台存在各种各样的缺陷。

张瑞敏把职工们叫到车间，问大家怎么办？多数人提出，也不影响使用，便宜点儿处理给职工算了。当时一台冰箱的价格 800 多元，相当于一名职工两年的收入。

张瑞敏对职工们说："我要是允许把这 76 台冰箱卖了，就等于允许你们明天再生产 760 台这样的冰箱。"

于是，他当场宣布：这些冰箱要全部砸掉，谁干的谁来砸。说着，就抡起大锤亲手砸了第一锤！很多职工砸冰箱时流下了眼泪。

随后，张瑞敏发动和主持了一个又一个讨论"如何从我做起，提高产品质量"的会议，并制定了许多质量管理制度。三年以后，海尔人捧回了我国冰箱行业的第一块国家质量金奖。

这个故事是管理领域重视质量管理的一个非常经典的案例。但我们还可以作另一方面的思考：如果在生产这些冰箱时，就让它们完全符合质量要求，也就不会有这一砸冰箱事件了。

尽管这是一件变坏事为好事的事情，可是，我们也不能不承认，砸冰箱造成了原材料、时间和精力的浪费。因为原材料、时间和精力是不可逆转的。恐怕这也是海尔“很多职工砸冰箱时流下了眼泪”的一个重要原因吧！

如果第一次没有把事情做对，就会导致工作任务落实效率的降低。克劳士比经常喜闻乐道这样一个故事：

在一次工程施工中，师傅们正在紧张地进行着工作。这时，有一位师傅的手头需要一把扳手。他便对身边的小徒弟说：“去，拿一把扳手来。”

小徒弟飞快地跑去。师傅等了好长时间，才见小徒弟气喘吁吁地跑回来，拿回一把巨大的扳手说：“扳手拿来了，真难找！”

师傅一看，却发现这并不是他需要的扳手。于是，他生气地说：“谁让你拿这么大的扳手呀？”

小徒弟没有说话，但是显得很委屈。这时，师傅才发现，自己叫徒弟拿扳手的时候，并没有告诉徒弟自己需要多大的扳手，也没有告诉徒弟到哪里去找这样的扳手。自己以为徒弟应该知道这些，可实际上徒弟并不知道。师傅明白了：发生问题的根源在自己，因为他并没有明确告诉徒弟做这项事情的具体要求和途径。

第二次，师傅明确地告诉徒弟，到某一库房的某个位置，拿一个多大尺码的扳手。

这次，没过多久，小徒弟就把他想要的那个扳手拿回来了。

在这个故事中，小徒弟因为第一次没有把事情做对，浪费了时间。

当然，克劳士比讲这个故事的目的，并非是只想说明这一点。他还用这个故事告诉人们：要想让组织成员第一次就把事情做对，领导者或管理者则必须让他知道什么是“对”的。

三、今日的事必须今日毕

清朝人文嘉有一首著名的《今日歌》，其内容是：“今日复今日，今日何其少，今日又不为，此事何时了？人生百年几今日，今日不为真可惜，若言姑待明朝至，明朝又有明朝事。为君聊赋《今日诗》，努力请从今日始。”

这首诗歌告诉人们：一定要珍惜今天，今日事，今日毕。今日事，今日毕，也是我们提高工作效率保证落实的重要途径与方法。

“今日事，今日毕”，要求组织成员：今天的工作不要拖到明天去做，上午的工作不要拖到下午去做，白天的事情不要拖到晚上去做。

邓小平同志就非常珍惜“今日”。他处理文件都是当日事当日毕，看完、批完就让秘书把文件拿走，办公室内不留文件。

“文革”期间，还发生过这样一件事：造反派们去查抄邓小平同志的家。在他的办公室，造反派们搜了大半天，一点“稻草”都没捞着，便气鼓鼓地说：“一点笔记都没有，这个总书记，也不知道是怎么当的！”

原来，他的办公室内确实干净简单，除了书籍以外，几乎什么都没有。

周恩来总理也是坚持每日事情，每日毕的典范。原中央统战部副秘书长李佐民同志在《言传身教益我终身——周恩来鼓励我学好藏语文》一文中，曾经记载过这样一件事：

有一次，周总理同达赖喇嘛的谈话持续了一整天。在开始谈话时，周总理对我说：“我们一大段一大段地谈。这样可以把一个问题谈完整，你也好翻译。估计我讲半小时，你翻译可能需要一小时。这期间我要睡一会儿，你翻译完了叫我一声。”

这样，周总理每讲完一大段话，便在沙发上向后一靠，很快睡着了，睡得很香。我翻译完后轻轻叫一声“总理”，他立即醒来，用手帕揉揉眼睛，开始谈下一段。

中午吃完饭，我请总理正式休息一下，他却说：“谈话就是休息，我在谈话过程中不是已经休息过了。工作很多，要抓紧时间，已安排好的一天的工作还没有做完，怎么能想到休息呢？不是有句话叫当日事当日毕吗？你去问达赖喇嘛，看他是否要睡午觉。如果他不睡，我们接着谈。”我问过达赖喇嘛后，谈话又接着进行，一直谈到下午 7 时。

邓小平、周恩来同志为今日事、今日毕做出了形象的解读。工作一旦开始，就要一鼓作气地把它做完。完成一项，接着再做下一项，这样会使工作速度加快，工作任务早日完成。

为此，每一位组织成员不妨给自己制定一个每日的工作时间进度表。每天都有目标，有结果，日清日新。请看海尔集团的“OEC”管理方法：

“OEC”是海尔总裁张瑞敏在学习外国企业管理经验的基础之

上，结合我国的实际创造出的管理方法。

“OEC”是英文 Overall Every Control and Clear 的缩写。它是海尔管理模式精华的浓缩，被管理学界称为海尔的“管理之剑”。

OEC 中的“O”表示全方位，“E”表示每人、每天、每事，“C”表示控制和管理，即全方位地对每人每天每事进行控制和管理。也简称为“三全原则。”

OEC 的核心内容可以概括为 5 句话：总账不漏项，事事有人管，人人都管事，管事凭效果，管人凭考核。用一句话概括 OEC 的核心内容，就是：日事日毕，日清日高。

所谓“日事日毕”，就是对当天发生的各种异常现象，在当天弄清原因，分清责任，及时采取有效措施进行处理，以防止问题积累，确保工作任务的真正落实。在海尔，曾经发生过这样一件事：

在海尔洗衣机厂，每天下班前，依照规定工人们要进行每日的清扫工作。

一天，有一位员工在清扫地面时，在地上发现了一只螺丝钉。他非常紧张，因为他知道若是地上多了一个螺丝钉，就代表着有一台洗衣机少了一个螺丝钉。这关系到产品的品质，也关系着企业的信誉与形象，因此他立即向上呈报。

厂长知道后，立即下令要求对当天生产的一千多台洗衣机做全部复检。

全体员工经过细心检查后，发现所有成品没有缺少螺丝钉。

大家感到很奇怪：“问题到底出在哪里？”虽然已经过了下班时间，但没有一个人离开，他们还在找寻原因。

又花了两个多小时的时间，他们终于发现了原因。原来，物料仓库在发材料的时候，多发了一个螺丝钉。

所谓“日清日高”，就是对工作中的薄弱环节不断地进行改善、不断提高。公司算了一笔账，职工“坚持每天提高 1%”，70 天工作水平就可以提高一倍。

“日事日毕，日清日高”的载体是“3E”卡。“3E”卡，就是用来记录每个人每天对每件事的日清过程和结果。“3E”是英文 everone evevday everthing 的缩写，即每天、每件事、每个人。“3E”卡是“日清日毕，日清日高”的具体化。

每天，每个员工干完今天的工作后，必须要填写“3E 卡”，填完之后，他的收入就跟这张卡片直接挂钩。

3E 卡，把海尔整个的工作、大目标分解落实到每个人身上。比如冰箱生产有 156 道工序，545 项责任，都要落实到每个人头上。

也是通过“3E 卡”的考核，通过对企业每件事、每个人的表扬与批评来形成员工共同的价值观念，创造优秀的产品。

四、排定科学的工作次序

有一位时间管理专家曾经给他的学生们做过这样一个试验：

他拿出了一个很大的广口瓶子放到桌子上。随后，他取出一堆拳头大小的石块，把它们一块块地放进瓶子里，直到石块高出瓶口再也放不下了为止。

他问学生们：“瓶子满了吗？”

所有的学生答道：“满了。”

他反问："真的？"说着他从桌子下取出一小桶砾石，倒了一些进去，并轻轻敲击玻璃壁，使砾石填满石块间的间隙。

"现在瓶子满了吗？"

这一次学生有些明白了，"可能还没有。"一位学生低声答道。

"很好！"

他伸手从桌子下又拿出一小桶沙子，把它慢慢倒进玻璃瓶。沙子填满了石块的所有间隙。

他又一次问学生："瓶子满了吗？"

"没满！"学生们大声说。

然后，他拿过一壶水倒进玻璃瓶，直到水面与瓶口齐平。他望着学生，"这个例子说明了什么？"

一个学生举手发言："它告诉我们，无论你的时间表多么紧凑，如果你真的再加把劲，你还可以干更多的事！"

"不，那还不是它的真正寓意所在。"专家说，"这个例子告诉我们，如果你不先把大石块放进瓶子里，那么你就再也无法把它们放进去了。"

这个试验生动而形象地说明了"次序选择"的重要性。工作也是如此。

一般说来，组织成员，尤其是担任着领导职务的组织成员，每天都要面对着许多头绪纷繁的工作。如果不能科学地排定工作次序，就会影响工作效率，从而影响工作任务的落实。

事实上，工作虽然头绪纷繁，但它们的分量是不同的，有轻有重，有缓有急。因此，落实工作任务时，要根据实际情况，区分轻重缓急，排定科学的工作次序，以便用最佳的时间处理最重要的事情。

实践中，人们认为，以下的办事次序是一个比较好的选择：

一是重要且紧迫的事；

二是重要但不紧迫的事；

三是紧迫但不重要的事；

四是不紧迫也不重要的事。

但人们做事，往往先做紧迫的事情，再做重要的事情，结果重要的事情也变成紧迫的事情了。于是，他就在紧迫的事情忙碌中工作着。

五、有了任务要马上就办

当年，习近平总书记在福州市委书记任上，就提出“马上就办”的落实理念。要有效地落实，“马上就办”是一个非常重要的秘诀。有了任务马上就办，而不是去拖延，去等待，是提升落实效率的重要方法。有人说，栽一棵树的最好时间是 20 年前，第二个最好的时间是现在。

有人曾经向一位企业老总请教“成功的秘诀”。这位老总告诉他：“现在就做”。工作任务的落实是干出来的，而不是等出来的。犹太教典《塔木德》曾经记载着这样一个故事：

有三只青蛙掉进了鲜奶桶中，第一只青蛙说：“这是神的意志。”于是，它盘起后腿，一动不动，静静地等待着。

第二只青蛙说：“这桶太深，没有希望出去了。”于是，它在绝望中慢慢死去。

第三只青蛙说："尽管掉到鲜奶桶里，可我的后腿还能动。"于是，它奋力地往上跳起来。它一边在奶里划，一边跳，慢慢地，它觉得自己的后腿碰上了硬硬的东西，原来是鲜奶在青蛙后腿的搅拌下，渐渐地变成奶油了。凭着奶油的支撑，第三只青蛙跳出了奶桶。

第一只和第二只青蛙都是坐以待毙，而第三只青蛙凭着自己的努力，跳出了奶桶。这就是行动和不行动的最本质区别。

如果我们接受了一项工作任务，并且认准了它是一项有益的工作，我们就应该马上着手去做。据分析，世界上有93%的人因为办事拖拉而一事无成。

六、执行时必须专心致志

在西方管理领域，有这样一个故事广为流传：有一位农夫，早晨起来后，告诉妻子说要去耕田。

当他走到耕地边上的时候，他却发现耕耘机没有油了。他打算立刻就去加油的，但突然想到家里的三头猪还没有喂，于是，便转身往家里走。

经过仓库时，他望见旁边有几只马铃薯，他想起马铃薯可能正在发芽，于是，又朝种植马铃薯的田地里走去。

路途中，他经过木材堆，又记起家中需要一些柴火；正当要去取柴火的时候，他看见了一只生病的鸡躺在地上……

这个农夫就这样来来回回地跑着，从早上一直到夕阳西下。结果，油也没有加，猪也没有喂，柴也没有取。最后什么事也没有做好。

故事似乎有些夸张，但这个夸张的故事还是有创作的生活基础的。

在我国古代，也有一个类似的故事：有一个名叫弈秋的围棋国手。他有两个弟子。弈秋在教他们下棋的时候，甲弟子专心致志地听弈秋教诲，很快就学会了下棋；乙弟子虽然身在课堂，心里却想着天上将有一只大天鹅要飞过来，他怎样用弓箭将天鹅射下来。结果，什么也没学会。

在现实的工作、生活中，也不乏农夫、乙弟子之人。做事时三心二意，没有定力，最终一事无成。

人的成功源于多方面的因素，但其中一个很重要的因素就是做事能专心致志。

专心，有利于实现决策目标。执行中，执行者必须集中精力、集中体力来为决策目标的实现而努力奋斗。只有这样，他才能尽快地接近决策目标，实现决策目标。如果他心有旁骛，不能集中精力、集中体力来为决策目标的实现而努力，他就会远离决策目标，也就永远不能实现决策目标。

专心，必须全身心地投入。专心者要能耐得住寂寞，耐得住清贫，不为外面“精彩的世界”所诱惑，不为各种名利所驱使。唯有如此，才能真正做到注意力集中，一心一意从事我们所热爱的工作。

要知道，同时追两只兔子，将会一无所获。对此，法国著名思想家安德烈·莫洛亚说得更是明白。他在《生活的艺术》中说：“对什么都有兴趣的人是讨人喜欢。但是干事业，就只能在一定的时间内，专心致志于一个目标。”

实践证明，事业的成功者，能够有效执行者，做事都非常有定力，从不三心二意。甚至专心到忘我的境地。牛顿、巴甫洛夫都是如此。

牛顿是英国著名的物理学家，他做起科学实验来，专心到经常废寝忘食的地步。

一次，他请一位客人来吃饭。客人等了好久，也不见他出来，便自己先吃了。那天的饭桌上有只烤鸡，客人吃完了鸡，便把鸡骨头放到了桌子上，悄悄地走了。

牛顿工作完后，已经几个钟头过去了，他这才想起请客的事。他急忙来到餐厅，一看，客人走了，桌子上剩了几块鸡骨头。

牛顿看着那些鸡骨头，好像明白了。自言自语地说："瞧我真糊涂，本来已经吃过了，我还以为没吃呢！"说完，就又回去工作了。

科学研究需要一种专心忘我的精神。一个人如果对他的事业能专心到废寝忘食的境地，专心到忘我的境地，一定能有所成就。

巴甫洛夫是俄国著名的生物学家。他热爱科学，一心扑在科学研究上。由于他全身心都沉浸在自己的研究中，因此，在生活中常有小误会发生。

一天，巴甫洛夫终于下决心走出实验室，去与未婚妻谢玛会面。见面后，巴甫洛夫对谢玛说："快把你的手给我！"谢玛以为他要吻自己的手，就羞涩地把手伸了过去。谁知，巴甫洛夫抓住她的手，用手指按着她的脉搏。过了一会儿，巴甫洛夫郑重地对她说："心跳很正常，你的心脉的确不错。"

听了他的话，谢玛很伤心："为了你的实验，我们好久不曾见面，现在难得见面，而见面又是你的实验。既然如此，你还是回去做你的实验吧！”这本是谢玛的气话，可是，一心想着实验的巴甫洛夫根本没有听出谢玛的弦外之音，还以为她真的让自己回实验室去，便高兴地回去了。

专心致志是成就伟大事业、有效落实的必要条件。巴甫洛夫用实践证明了这一点。为了他心爱的事业，他很少与未婚妻约会，即使约会，也是心系实验，甚至把未婚妻当作了实验的对象。也正是因为有了这种将一切与科研工作无关的事情置之脑后、只专心于科研活动的精神，才造就了一位科学伟人。

牛顿和巴甫洛夫这种专心致志的精神，值得后人学习弘扬，干工作，不干则已，干就专心致志把它干好。

第 14 章　为落实提供制度保障

制度好可以使坏人无法任意横行，制度不好可以使好人无法充分做好事，甚至会走向反面。总统是靠不住的，唯一可靠的是制度。

在西方，有一种流行的说法：总统是靠不住的，唯一可靠的是制度。落实，不能光靠自觉性，必须有一个好的制度机制来作为保障。正像邓小平同志所讲的："制度好可以使坏人无法任意横行，制度不好可以使好人无法充分做好事，甚至会走向反面。"[1]

一、科学的制度机制是有效落实的重要保障

有一则"分粥"的小故事，常被人们所提及。故事是这样的：

有7个人组成了一个小团体共同生活，每天共喝一桶粥。因为人多粥少，每当吃饭时，大家蜂拥而上，粥桶经常被挤翻。

为了解决这个问题，他们采用了许多办法来分配这一桶粥。

方法一：抓阄决定哪一个人负责分粥。结果，这个人总为自己多分。换了一个人，也是如此。

方法二：每人轮流一天分粥。结果，每个人一周中只有一天吃得饱，其余6天都得挨饿。

方法三：大家选举一个信得过的人主持分粥。开始这位品德尚属上乘的人还能基本公平，但不久他就开始为自己和溜须拍马的人多分。

方法四：选举一个分粥委员会和一个监督委员会，形成监督和制约。这个办法使得公平基本上做到了，可是由于监督委员会常提出各种议案，分粥委员会又据理力争，等分粥完毕时，粥早就凉了。

1.《邓小平文选》第2卷，人民出版社1994年10月第2版，第333页。

方法五：每个人轮流值日分粥，但是分粥的那个人要最后一个领粥。

令人惊奇的是，在这个制度下，7 只碗里的粥每次都一样多，就像使用科学仪器量过一样。因为每个主持分粥的人都知道，如果 7 只碗里的粥分配得不均衡，他确定无疑将享有那份最少的。

这个故事说明：制度至关重要。制度，是一个组织和团体中，要求成员共同遵守的办事规程或行动准则。

第一，制度是落实各项工作任务的基本保证。管理学家还作过这样一个假设：假如一架飞机不幸失事，飞机上载着 A 公司和 B 公司的老板，两位老板都不幸遇难。

事后，A 公司一片混乱，呈现出群龙无首的状态；而 B 公司则秩序井然，没有受到大的影响。

那么，造成这种差异的一个重要的原因，就是 B 公司一定已经具备了一套完备而系统的管理制度。

如果没有完善的制度，就往往容易陷入“人走政息”的怪圈。原山西长治市委书记吕日周，曾经讲过这样两件事：

他曾经在原平县担任过县委书记。他在离开原平的那一天，天降大雪。他任书记时，带头组织大家扫雪，可那天，干部们知道吕日周走了，也就没人扫雪了。结果，许多人摔伤了。吕日周听说这件事情后，很受刺激。

后来，吕日周到美国水牛城参观，正好遇上漫天大雪。他去看望一位留学生，只见他早早起来扫雪。吕日周问他：“你在国内也没这么积极，怎么在这里倒学起雷锋来了？”他说：“因为这里的法律规定，如果遇上下雪，你的门前必须扫三次雪，否则就要罚款，包括在我门前摔倒的人也要我去花钱给他治疗。所以，我得积极扫雪。”

显而易见，必须依靠建立制度和长效机制来解决落实的问题，让组织成员明白并行使自己的权利，发现自愿合作与交换的更好渠道和方式，这样，才能有效地避免“人走政息”。

第二，制度是实现工作目标的最经济的方式。在17世纪至18世纪时，英国运送犯人到澳大利亚，规定按上船时犯人的数量给付私营船主费用。因此，私营船主们为了牟取暴利，便不顾犯人的死活，将犯人像沙丁鱼一样塞满船舱。由于犯人人数的过多，使得船舱内的环境极为恶劣，许多犯人在中途便命丧黄泉。更为恶劣的是，有的私营船主们有时刚一出海，就将犯人活活扔进海里。

针对这种现状，英国政府制定了一个新的政策。他们规定按照到达澳大利亚活着的犯人数量来支付费用。这样一来，私营船主绞尽脑汁、千方百计地让尽可能多的犯人活着到达目的地。

结果，后期运往澳大利亚的犯人的死亡率大幅降低，最低时只有1%，而原来最高时，可达94%。

运往澳大利亚犯人的死亡率高低，说明了法规制度是否完善的重要性。规定按上船时犯人的数量给付私营船主费用，死亡率可高达94%，说明法规制度不完善；规定按照到达澳大利亚活着的犯人数量来支付费用，死亡率最低时只有1%，说明法规制度的完善。

显而易见，达到工作目标的最经济的方式，就是要有完善的规章制度。

第三，制度是保证工作目标实现的有效手段。古人云：“不以规矩，无以成方圆。” 抓落实，落实主体具有强烈的落实意识是首要的。但只有强烈的落实意识还不够，组织内部还必须具有有效的落实保障制度。任何一项工作任务的落实，都应该有与之配套的监督、检查制度。有效的落实机制，应该是对完成、落实工作任务好的组织成员予以奖励，而对于那些不完成工作任务或者落实不力的人给予惩处。只有这样，才能保证工作目标的最终实现。

有人说，没有人能让一种产品的合格率达到 100%，但是，在第二次世界大战中，美国的军方却做到了。

事情发生在第二次世界大战中期，是发生在美国空军和降落伞制造商之间的一个真实的故事：

当时，降落伞的安全性能不稳定，经常出问题。降落伞制造厂家经过技术改造，使降落伞的合格率达到了 99.9%。降落伞制造商很满意，但美国军方不满意。美国军方要求，降落伞的合格率必须达到 100%。

降落伞制造厂家认为，达到 99.9%已经相当优秀了，要达到 100%几乎是不可能。没有一种产品的合格率能达到 100%，除非出现奇迹。

后来，美国军方将检查产品质量的规则做了修改。他们决定从厂商前一周交货的降落伞中随机挑选出一个，让降落伞生产厂家的负责人亲自装备上，然后试跳。

这一规则实施后，出现了奇迹。降落伞的合格率达到了 100%。制度将不可能的事变成了可能。

二、科学的制度设计必须要把握的基本原则

有这样一个故事：二哥经常深更半夜不回家。二嫂教育无效，

便制定了一个制度来约束他。制度规定，如果二哥晚上 11 点前不回家，二嫂就插门。头几天，二嫂按照制度要求，准时回家了。过了几天，他觉得在家无聊，便又半夜不回家了。二嫂实施了制度，把二哥关在了门外。二哥索性不回家了。

二嫂很无奈。后来有人给她出了一个主意，让她重新制定了制度。这个制度一实施，二哥每天晚上按时回家了。原来，新的制度是：如果二哥晚上 11 点前不回家，二嫂就开门睡觉。

这个故事说明，制度不在强制，而在自觉自愿地服从。制度要能为人自觉自愿地服从，需要设计一个科学的制度，落实也是如此。科学的制度能有效地保证落实，这是无疑的。但是，怎样设计出科学的制度呢？科学的制度设计需要把握以下几个原则：

第一，合法原则。合法，是指保证落实的制度的设计必须符合国家的宪法和国家法律、法规和政策的规定，不能有任何违背现象的发生。这也是落实“依法治国，建设社会主义法治国家”治国方略的具体体现。

遵循合法性的原则来设计落实制度，要求制度的设计者必须确立法律至上的理念，以法律为最高准则。

2005 年 2 月 4 日的《经济学消息报》上，曾经登载过一篇文章。这篇文章所讲述的事情，可以说是对“法律至上”的形象注解：

英国石油公司要铺设一条新的天然气地下输送管线。当最合理的设计方案完成时，公司发现他们遇到了麻烦：管线的一段要通过一位老太太私人地产的地下。虽然管线是从地下约 10 米深处通过，但老太太坚决不同意公司的要求。

公司无法强行通过，因为保护私人财产是英国的法律，老太太有权保护她的地产不受侵犯。于是，公司投书报界，力陈改道施工的耗费，将大大超过原来的预算，作为国营企业，所花的每一分钱都是纳税人的血汗。希望新闻界能通过舆论说服老太太。

此事在报纸上公布之后，来自中国的留学生，几乎毫无例外地站在公司一边。认为老太太的“小我”应该服从公司的“大我”。更何况石油公司保证，施工之后，地面上的一切将恢复原状，并付给老太太一笔补偿费，实属仁至义尽了。

出人意料，英美学生大多指责石油公司，认为登报就是多此一举，老太太不同意就说明了一切。他们认为，法律赋予老太太的权利，老太太完全有权利行使。即使法律确实有问题，也只能通过立法程序来进行修改，例如，地下 10 米处到底属不属私人财产，是否可以侵犯，均是严肃的法律问题。

其结果是：英国公众没有因为需要多花钱而支持石油公司；国家司法机构也没有出面干预老太太的固执己见。这时，有人提出了 10 米深处的财产权问题，主张重新立法，但石油公司因为等不及“重新立法”，而先行改道施工了。

中国的留学生很困惑，你们为什么宁愿需要多花钱而支持石油公司？英国学生回答，“法”是刚性的，没有灵活性可言，蔑视法律的神圣权威，将是国家最大的灾难。

应该讲，我们近几年来“法律至上”的理念也正在逐步地确立。2004 年 6 月，北京市政协审议通过了《关于加强本市对流浪乞讨人员管理和救助工作的建议案》，其中建议划定“禁乞区”或“限乞区”。

北京市政府对政协的建议案总体上给予了肯定，但对其中的设立“禁乞区”的意见，有关负责人则表示，由于目前还没有相关的法律约束乞讨，禁乞与现行法律相违背，所以政府暂时不会考虑这么做，但在北京重点地区设立救助引导牌，以方便有需要的人员得到救助。

北京市政府的这种做法就充分体现了法律至上的意识，体现了对法律的尊重。他们遇到问题没有贸然行事，而是首先“向法律问禁忌”。这是“依法行政”的可贵实践。

第二，无赖原则。“无赖原则”是英国著名学者大卫·休谟提出来的。休谟说：“政治作家们已经确立了这样一条准则，即在设计任何政府制度和确定几种宪法的制约和控制时，应把每个人都视为无赖——在他的全部行动中，除了谋求一己的私利外，别无其他目的。”[1]

在休谟看来，制度的设计，要从最坏处着眼，假设每个人都是“无赖”。因为每个人都是“无赖”，所以，只有用强硬的制度来钳制他们，才能让他们老老实实、规规矩矩地服从公共利益。

“无赖原则”是制度设计的一个重要原则。把“无赖原则”引入到制度的设计中，能使得制度的设计达到这样的效果：既能有效地钳制“无赖”行径，又能防止和遏止人们萌发的损害公共利益的“无赖”冲动。而不能对人的“觉悟”心存侥幸，对人的素质过高地估计。

第三，刚性原则。任何制度的制定，都应该突出刚性原则。这里所说的刚性原则有两层含义：一是其评价对错的标准只能有一个，而不能因人而异；二是其评价对错的标准不能留下弹性空间，

---

1. ［美］斯蒂芬·L·埃尔金等编：《新宪政论》，生活·读书·新知三联书店 1997 年版，第 27—28 页。

过于原则。否则，容易让一些人失去制度的制约，或打“擦边球”，或把严肃的制度变为“橡皮泥”，随便地拿捏。

第四，稳定原则。任何制度都不是一成不变的，它应该随着客观情况的发展变化而不断地加以改进和创新。但是，如果变更得过于频繁，就会造成混乱。因此，制度的设计要注意相对稳定的原则要求，不能朝令夕改。

凡是经过一定时期实施后证明是正确的制度，就必须坚持保持其稳定性；凡经过实施后证明是不可行的制度，就必须加以修订甚至摒弃。

三、建立有效地保证工作落实的制度和机制

落实，制度是关键。制度更具根本性、全局性、稳定性和长期性。因此，要建立有效保证工作落实的制度和机制。

第一，建立健全严格的目标责任制度。有个故事，很有意思：一个孩子得到一条新裤子。试了试，发现长了一点。

他请奶奶把裤子剪短一些。奶奶说：“今天的事太多，你去找你妈妈。”孩子去找妈妈，妈妈说：“手头有活正忙，等她忙过了再说。”没办法，他只好去找姐姐。没想到，姐姐有约会，马上就要走。

孩子带着失望的心情入睡了。因为他担心第二天没法穿这条裤子。

奶奶忙碌完家务事，想起了孙子的裤子，就把裤子剪短了一些；姐姐回来想起这事，也把裤子剪短了一点；妈妈腾出手后，又把裤子剪短了一点。

不用说，这裤子后来就根本没有办法穿了。不言而喻：共同负

责等于无人负责。

在现实生活中，我们的许多工作都会出现“要么都不管，要么都来管”的尴尬局面。结果，影响了工作的落实。正如习近平总书记所指出的：“有些地方、部门和单位存在工作推诿扯皮现象，与目标责任不明确、工作任务没细化有很大关系。要科学进行责任分解，把目标任务分解到部门、具体到项目、落实到岗位、量化到个人，以责任制促落实、以责任制保成效，形成一级抓一级、层层抓落实的工作局面。”

南京明城墙是我国保存比较完整的古城墙，也是世界上现存最大的古代砖城，这与它所用砖块的质量不无关系。据记载，该城墙所用砖块都是由长江中下游附近的150多个府（州）、县烧制的。砖的侧面刻着铭文，除时间、府县外，还有4个人的名字，分别是监造官、烧窑匠、制砖人、提调官（运输官）。

砖上刻人名的用意，用现在的话来说，就是职责分明、责任到位。参与人员的名字都刻在砖上，清清楚楚、一目了然，一旦出现问题，谁也赖不掉。无论监造官、提调官，还是烧窑匠、制砖人，哪个环节出了问题，一样要被追究责任。这就使得参与人员丝毫不敢懈怠，都尽职尽责地努力工作。最后交砖时，检验更为严格，由检验官指使两名士兵抱砖相击，如铿锵有声、清脆悦耳而不破碎，属于合格；如相击断裂，责令重新烧制。正因为责任如此明晰，才保证了城砖质量上乘，以至南京明城墙历经600多年的风雨、仍巍然屹立。[1]

---

1. 杨宗华：《责任胜于能力》，石油工业出版社，2009年3月版，第86页。

这种把责任落实到具体人的做法，是很值得后人去学习的。

有效的目标管理责任制，关键是要把“目标量化”。如何量化：

其一，指数字具体化，也就是，如果某一个目标能用数字来描述，你一定要写出精确的数字。

其二，指形态指标化，也就是如果所确定的目标不能直接用某一个数字来描述，则必须进一步分解，将其表现形态全部用数字化指标来补充描述。

人天生都有一种惰性心理，如果不明确每个人的责任，把任务与责任联系起来，就会导致无人负责的后果。所以，责任要落实。而且，不仅要落实，还要落实的具体，那种人人负责的情况，其结果也跟没有人负责是一样的。

第二，建立健全严格的督办督查制度。工作有布置，没有督办督查检查，就容易走过场。因此，必须建立一套狠抓落实的督办督查机制。

所谓督查督办，顾名思义就是监督检查、催促办事。也就是说，通过监督、检查，及时发现没有落实的问题，然后用监督、催促的手段，来推动落实，确保政令畅通。督查督办要坚持以下四个基本原则：

其一，客观性原则。对每项工作督查，督查人员都要坚持深入工作现场，了解真实情况，全面调查分析，客观反映问题，用事实说话，不主观臆断，不以偏概全。

其二，时效性原则。一些季节性、时效性较强的工作，如植树造林、防汛、防疫等，如不抓紧落实，就会错过时机，使工作落空。这类工作都超前介入，未雨绸缪，及时督促，确保落实。

其三，不回避原则。需要督办的事项一般是困难多、阻力大、周期长的工作，有时甚至涉及分工领导和部门负责人，处理起来比较棘手。督查人员要以高度负责的精神，不怕得罪人，敢于督查，敢于处理，敢于批评。

其四，责任追究原则。对工作落实不到位、出现失误，造成不良后果的单位或个人一查到底，坚决追究责任。

第三，建立健全严格的奖惩追究制度。山西省长治市原市委书记吕日周曾说过一句非常经典的话：抓住不落实的事 + 追究不落实的人 = 落实。

应该说，这句话是他工作经验的总结。要保证工作落实，不仅要有严格的督查督办机制，还必须建立健全严格的奖惩追究制度。

古时候，越王勾践想报被吴王俘虏之仇，让大夫文种严格训练士兵。这一天，勾践问文种："我想攻打吴国，士兵可用吗？"文种回答说："可用。我平常训练士兵时，奖赏丰厚，惩罚严厉，而且令出必行。大王如果您想了解情况，不妨试着焚烧宫室。"

于是，勾践就让人点燃了宫室，并下令："因救火而死者，比照阵亡抚恤；救火而不死者，比照杀敌奖赏；不救火者，比照降敌刑罚。"命令一出，士兵们踊跃救火，宫室的火很快就扑灭了。后来，越国就是凭借着这种气势，很快灭了吴国。

保证工作落实，需要严格的政策奖惩追究机制。严格的奖惩追究政策，是保证工作落实的有效的手段。因为一个组织奖励什么行为就是鼓励组织成员多发生类似的行为；同样，一个组织惩罚什么行为，就是希望在组织成员中抑制甚至杜绝类似行为的发生。建立完善奖惩追究制度，要注意以下几个方面的问题：

其一，奖惩导向要正确明确。某机关表彰了两位干部。对这两位干部许多人认为是不应该获得表彰的。因为他们无论是工作态度还是工作业绩都称不了上乘。

后来，人们经过分析得出了结论：和领导走近一点，比工作干得卖力一点更为重要。于是，有的人就开始想方设法靠近领导，而不去想怎样做好工作。

由此可见，该机关表彰的导向出现了问题。作为组织成员不仅需要和领导相处好关系，更重要的是要把工作做好。

要保证工作落实，组织在制定奖惩政策时，其奖惩导向必须是有利于工作落实的行为，而不是错误的行为。

其二，奖惩标准要细化量化。一个科学的政策奖惩机制，其奖惩标准的规定一定要尽可能地细化、量化，具有可操作性，以避免奖惩的主观性和随意性。

细化、量化的政策奖惩标准，有利于实施者操作执行。而就我们目前的一些单位的政策奖惩标准而言，许多标准是很粗糙的，缺乏科学性，这无疑会给落实执行带来一定的难度。

其三，奖惩程序要科学规范。科学的政策奖惩措施，其程序上也必须是科学的。这是政策奖惩措施严肃性的体现。但事实上，有些单位和部门，在实施奖惩措施时，随意性很大。因此，在制定政策奖惩机制时，其奖惩程序，一定要进行科学的规范。

其四，奖惩措施要及时兑现。美国有一家名为福克斯波罗的公司。这家公司专门生产精密仪器设备等高技术产品。

在创业初期，这家公司碰到了一个迟迟不能解决的技术难题。而这道难题如果不解决，公司就会生存不下去。公司总裁为此大伤脑筋。

一天晚上，正当公司总裁坐在办公室百思不得其解之时，一位科学家闯进了他的办公室，说是找到了一个解决的办法。

科学家的阐述让总裁豁然开朗。总裁喜出望外，想立即给科学家以嘉奖。可是，他在抽屉中找了半天，只找到了一根香蕉。他把这根香蕉作为奖品奖给了科学家。科学家很感动，因为他的成果得到了领导的肯定与赞赏。

从此之后，这家公司只要员工攻克了重大技术难题，都会得到公司授予的金制香蕉型别针。

“赏不逾时，欲民速得为善之利也；罚不迁时，欲民速睹为不善之害也。”及时兑现奖惩措施，能增强奖惩政策的严肃性。如果该奖励的不及时奖励，会影响落实主体落实的积极性；而该惩罚的不及时惩罚，则会助长落实主体的消极性。不仅如此，时过境迁，对未被奖惩的人员也起不到应有的教育和引导作用。

各级组织要通过建立健全严格的奖惩追究制度，激励落实的人，惩处、追究不落实的人，使责、权、利三者相统一。

第 15 章　有助落实的方法技巧

不要说自己工作有多努力，而要说自己是否真正把工作落到了实处。关键的不是做事，而是要能把事情做成。

卡耐基在《人性的弱点》中，曾讲过这样一个故事：太阳和风要比试谁的力量大，正好看到路上走着一位穿棉袄的老者。他们便约定谁能把老者的衣服脱下来，谁就算赢。

风首先出场，它猛烈地向老头刮去，结果，它越使劲地刮，老者把棉袄就裹得越紧，风无可奈何地败下阵来。

这时，只见太阳出场了。它用温和阳光照在老者的身上，并不断地加温。老者先是解开了纽扣，但还是耐不住热，最后终于脱下了棉袄。这个故事形象地说明了方法的重要性。

一、有用的不是借口，而是解决问题的方法

著名方法学家吴甘霖先生曾经在清华大学举办的一个高级总裁班上对 100 名学员进行过一次调查。

他调查的第一个问题是："哪一类员工是你们最不愿意接受的员工？"

调查的结果是：

（1）工作不努力而找借口的员工；

（2）损公肥私的员工；

（3）过于斤斤计较的员工；

（4）华而不实的员工；

（5）受不得委屈的员工；

他调查的第二个问题是："什么样的员工是你们最喜欢的员工？"

调查的结果是：

（1）没安排工作却能找事做的员工；

（2）通过找方法加倍提升业绩的员工；

（3）从不抱怨的员工；

（4）执行力强的员工；

（5）能为单位提建设性意见的员工。

通过调查，吴甘霖先生得出这样的结论："凡事找借口的员工，一定是单位里最不受欢迎的员工。凡事找方法的员工，一定是单位里最受欢迎的金牌员工。"[1]

吴甘霖先生的调查和他由此所得出的结论，都是可信的。一个遇到难题总是找借口推托，而不是寻找办法解决的组织成员；一个失职后却不愿意承担责任，而是千方百计编造出种种借口推卸责任的组织成员，是不会受组织欢迎的。

可是事实上，我们的组织中却存在着这样的组织成员。他们遇到难以落实的问题，总是想方设法找借口，寻找各种理由为自己开脱。

不是说问题太难，就是说自己没受过有关方面的培训，或者说客观上不具备解决这一问题的条件。

殊不知，遇到问题或者为自己的失职找借口推脱是没有用的。这无助于问题的解决，有用的是要寻找解决问题的方法。

成功者的一条重要的经验，就是遇到问题不是找各种各样冠冕堂皇的借口来回避责任，为自己开脱，而是努力寻求解决问题的方法。

1. 吴甘霖：《方法总比问题多》，机械工业出版社，2006 年 1 月版，第 6 页。

在美国西点军校，有一个久远的传统，新生遇到军官问话，只能有四种回答：“报告长官，是”，“报告长官，不是”，“报告长官，没有任何问题”，“报告长官，我不知道”。除此之外，不能多说一个字。

“没有任何借口”是西点军校所奉行的最重要的行为准则，它强化的是：每一位学员要想尽办法去完成任何一项工作任务，而不是要为没有完成工作任务去寻找任何借口，哪怕看似合理的借口都不可以。

据美国商业年鉴统计，二战后，在世界500强企业中，西点军校培养出来的董事长有1000多名，副董事长有2000多名，总经理、董事一级的有5000多名，可口可乐、通用公司、杜邦化工的老总，都是他们的毕业生。

记得有位名人说过这样一段话：如果你自己有系鞋带的能力，你就有上天摘星星的机会！不要为自己的错误辩护！再美妙的借口也于事无补！不如把寻找借口的时间和精力用到工作中来，仔细琢磨下一步该怎样去做。

二、关键的不是做事，而是要能把事情做成

工作中，我们常常会听到这样一句话：“我没有功劳还有苦劳呢！”

要知道，在市场经济的条件下，仅有苦劳是不够的，有苦劳也要有功劳。联想集团有一个著名的理念，就是：“不重过程重结果，不重苦劳重功劳。”

在工作中，不要告诉别人你有多努力，你有多辛苦，而要说自

己做成了什么事。说得再简单点：不仅要做事，更要做成事。做成事才是关键。如何才能做成事？

第一，坚持不懈。《百喻经》中有这样一则故事：有个人饿了，去一家小饭馆买了个烧饼。他吃完了这个烧饼，觉得不饱，就又买了一个。吃完了这个他还是没有饱，就又买了一个。

就这样，他一共买了六个烧饼，也还没有吃饱。当他买了第七个烧饼时，他吃了一半便饱了。

这个人很后悔，一边用手打自己的嘴巴，一边责怪自己："真笨，吃了这半块饼就饱了，前面的六个饼白花了钱，为什么不早买这半块饼？"

这是一个很有趣味的故事。它包含着深刻的哲学道理。这就是：任何事物的变化，都是从量变开始的。当量变达到一定程度时，必然引起事物的质变。事物在量变阶段呈相对静止状态。当量的积累达到一定限度时，才会发生质变。所以，量变是质变的前提，是质变的必要准备，而质变是量变的必然结果。

这一哲理在工作任务的落实中，也有具体的指导意义。它可以用一句话来概括，这就是："蓄之既久，其成必速。"这就是说，落实工作任务时，在目标正确的前提下，只要你坚持不懈地努力，总会把事情做成，取得成功。

第二，结果导向。结果导向要求组织成员在落实执行的过程中，不仅要重视过程，更要重视结果，因此，要站在取得结果的角度来思考问题。上级部署下属工作任务，下属在向上级领导汇报工作时，领导想听到的，并不是你的工作有多劳累，你的工作有多辛苦，他想知道的是你的落实到底有没有结果。假如把上级部署的工作任务比作钓鱼，那么，你向上级领导汇报工作的时候，领导想听到的不是你钓鱼有多劳累，钓鱼有多辛苦，他想知道的是你钓没钓到鱼，钓到的是大鱼还是小鱼。

第三，计划周密。“事前定，则不困”。这句话出自《礼记》，意思是说，事前谋划好了，干起来就不会感到棘手。

写完这句话，笔者想起了巴顿将军的一段逸事，这段逸事与这句话有异曲同工之效：

有人请教巴顿将军：“你为什么能打胜仗？”他说是因为打仗前先有一个计划。那人又问他：“你为什么每次都能打胜仗？”他接下来说：因为我每次有一个好的计划。人家就请教他还有什么秘诀，他就说：我有一个周密完善的计划。

巴顿将军此言的确不虚。将军要想打胜仗，必须具有周密完善的作战计划。

决策目标的落实、工作任务的完成，也是如此。为在某段时间内完成预定目标或工作任务，任务承担者必须做出预想性部署和安排，并见之于文字，以保证工作的顺利有序进行，并为将来的工作检查和总结提供重要的依据。

在现代社会化大生产的条件下，生产技术复杂、劳动分工细密，部门之间、生产环节之间的协作十分紧密。如果没有周密的计划，彼此之间就不能相互协调，团队中的各项活动也就不能有条不紊地进行。所以古人云：“凡事预则立，不预则废。”

因此，无论是单位，还是个人，做事，尤其是做大事，必须有周密而切实可行的计划。只有预先做好了安排，有了打算，才能合理地安排人力、物力、财力和时间，使工作、活动有条不紊地进行，高效率地把事情办好；否则，就会导致失败。

三、复杂的不是问题，而是看待问题的角度

在新的历史时期，由于社会转型，经济转轨，复杂问题层出不穷。因此，组织成员必须具备解决、处理复杂问题的能力。否则，就无法应对复杂的局面，也无法有效落实复杂的工作任务。组织成员要提升处理复杂问题的能力，有效地落实复杂的工作任务，应该注意把握以下三个要点：

第一，对复杂问题要有正确的认识。有的人在遇到复杂问题的时候，总是习惯于将它想得很难解决。实际上并不是所有的复杂问题都难以解决，也并不是所有难解决的问题都是复杂问题。

组织成员对复杂问题要有正确的认识。如果认识不正确，就会给自身增加心理暗示，从而影响问题的解决。因为当我们认为它很难解决的时候，我们就会想方设法从难处入手来寻求解决之道，从而忽略了最容易、最简单的解决方法。

不仅如此，将问题想得过于复杂，想得过于难以解决，还会影响我们解决问题的信心，这无疑会使问题更加复杂，更加难以解决。因此，组织成员在遇到复杂问题时，不要一开始就把它想得特别难以解决。而是不仅要看到它的复杂性，看到它的难度，更要看到在它那复杂性的表层下所具有的简单性本质，以及解决的易度。

第二，要抓住复杂问题的本质。牵牛要牵牛鼻子。任何复杂问

题都有其本质特征，有其内在规律，抓住了复杂问题的本质，按照客观规律办事，复杂的问题就会迎刃而解了。这就像汉朝人桓谭在《新论》中所说的："举网以纲，千目皆张；振裘持领，万毛自整。"打鱼时，抓住网上的大绳，网眼就张开了；整理皮袄时，抓住领口一抖，毛就理顺了。处理复杂问题，抓住了复杂问题的本质，就等于抓住了复杂问题的关键。也就像打鱼时抓住了网上的大绳；整理皮袄时抓住了领口。

第三，要学会复杂问题简单处理。"复杂"与"简单"是两个相对的哲学概念。认识这两个概念，应该具有辩证思维。复杂问题解决起来未必就困难，简单问题解决起来也不一定就容易。因此，面对复杂问题，我们应该善于运用简单性思维，学会复杂问题简单处理。这种"简单"，并非是把问题简单化，而是揭开问题复杂性的外衣，或由繁入简，或删繁就简，直刺问题的本质。有这样一个故事：

某家媒体曾经举办过一项有奖征答活动，题目是：在一个充气不足的热气球上，载着三位关系到人类命运的科学家。这三位科学家，一位是环保专家，他的研究可以拯救无数因环境污染而面临死亡厄运的人们；一位是核子专家，他有能力防止全球性的核战争，使地球免于被毁灭的绝境；另一位是粮食专家，他能在不毛之地运用专业知识成功地种植食物，使几千万人脱离因饥饿而亡的命运。热气球即将坠毁，必须扔出一个人以减轻载重，让另外两个人得以存活，请问该扔下哪一位科学家？

问题刊出之后，答案纷至沓来。最后结果揭晓，巨奖得主是一个小男孩。他的答案是：将最胖的那位科学家扔下去。

这道题如果从表面上看很复杂。但在复杂的表层下，却有着简单的本质。问题的本质就是怎样让其他两位科学家存活。小男孩抓住了问题的本质，因此给出了简单而有效的答案。看来，复杂的不是问题，而是看问题的角度。

四、最怕的不是困难，而是缺少解决的办法

20 世纪 50 年代末，在上海曾经流传着毛泽东谈猫吃辣椒的故事。

一天，毛泽东问周恩来、刘少奇："怎样才能使猫吃辣椒？"

刘少奇首先回答说："那还不容易，我让人抓住猫，把辣椒塞进它的嘴里，然后用筷子捅下去。"

毛泽东认为这是莫斯科式的解决办法，于是摆摆手说："绝不能使用暴力，做任何事都应是自觉自愿的。"

周恩来接着回答说："我先让猫饿三天，然后把辣椒裹在一片鱼肉里，如果猫非常饥饿的话，它会囫囵吞枣般地全吞下去。"

毛泽东也不赞成这种方法，他说："这也不行，那它是受骗的。"

随后，毛泽东便谈了他的方法，他说："这很容易，你可以把辣椒擦在猫的屁股上，当它感到屁股上火辣辣的时候，就会转身舔屁股，并为此而兴奋不已。"

这个故事无法考证真假，但让猫吃辣椒则是一道真实的难题，但有了巧妙的方法，让猫吃辣椒就是一件简单得不能再简单的事情了。

所以，工作中遇到困难是难免的。其实，遇到困难并不可怕，可怕的是缺少解决问题的方法。有了解决问题的方法，任何困难，

就都不成为其困难了。

不同的问题有不同的解决方法，但几乎所有的方法都离不开“分”“减”“加”“转”这几条思路。

第一，分，即分解量化。所谓分解量化，就是把要落实的工作任务，要实现的工作目标分解量化为具体的行动计划。

这种方法实际上就是分阶段来处理解决问题。运用这种方法有助于减缓任务承担者的心理压力，从而推动工作任务的完成。

日本长跑运动员山田本一曾在1984年、1987年的国际马拉松邀请赛中两次夺魁。当记者问他凭什么取得如此出色成绩时，他的回答是：“凭智慧战胜对手。”

对于他的这种回答，人们有些疑虑，认为山田本一似乎有些故弄玄虚或招摇夸张之嫌，因为谁都知道，马拉松比赛主要是运动员体力和耐力的较量，爆发力、速度的技巧都在其次，怎么能说靠智慧取胜呢?

后来，人们读了山田本一的自传，才对他所说的“凭智慧战胜对手”有所领悟，认识到这确实是他取得成功的经验之谈。

山田本一在自传中写道：每次比赛之前，我都要乘车将比赛路线仔细勘察一遍，并把沿途比较醒目的标志画下来，比如第一个标志是一家银行，第二个标志是一棵大树，第三个标志是一座公寓…… 这样一直画到赛程终点。比赛开始后，我以百米冲刺的劲头向第一个目标冲去；到达第一个目标后，又以同样的速度向第二个目标冲去……40多公里路程，就这样被我分成若干个小目标而轻松地跑完。

起初，我并不是这样做的，而是把目标一下子定在终点的那面旗帜上，结果还没跑完几公里就觉得疲惫不堪，因为我被前面那段遥远的路程吓倒了。

第二，减，即减少要素。据《史记·孙子吴起列传》记载：春秋时，魏国与赵国攻打韩国，韩国向齐国告急求救。齐国派大将田忌率兵去救韩国。田忌率兵直奔魏国的都城大梁。

魏国的将领庞涓听说齐国要救援韩国，立即放弃了韩国前往齐国去阻击田忌，可是，齐国的军队已经开往魏国了。

孙膑对田忌说："他们三晋的军队素来凶悍骁勇，轻视齐人，而齐军又以懦怯著称。善于作战的人应该利用敌人的这种心理状态，因势利导，将计就计。如果我们齐军进入魏国的地界之后，第一天垒够十万人吃的灶，明天垒够五万人吃的灶，后天垒够三万人吃的灶，那我们就可以取得胜利了。"田忌采纳了他的意见。

庞涓追了三天齐军之后，很高兴地说："我早就知道齐军怯战，进入魏国不到三天，士兵逃走的人数就已经超过半数了。"于是放弃步兵大部队，只带少数精锐骑兵，日夜兼程地追赶。结果在马陵道庞涓的军队被田忌的军队打得大败，庞涓自杀身亡。

孙膑通过"减灶"示弱，迷惑了庞涓。结果，以少胜多，取得了胜利。

第三，加，即增加要素。南怀瑾先生在《易经杂说》中说："宇宙间的一切道理，都是一加一减，非常简单。"

有些问题看似复杂，看似难以解决，但如果将构成事物的要素增加，问题就会迎刃而解了。

据《通鉴纪事本末》卷第七记载：公元115年，东汉名将虞诩出任甘肃武都太守时，数千羌人在陈仓崤谷堵住他的去路。

虞诩及其部下只好停车不前，宣扬说，已上书朝廷，请求派援兵，等援兵到，就立即发兵作战。

羌人听到风声，就分兵去进攻别的县。虞诩看到羌人兵力已经分散，就日夜兼程地赶路，每日行军一百多里，并命令军官士兵每个人都要垒两个锅灶，每天按倍增加，羌人因此不敢逼近。

有人问虞诩："孙膑减灶，你为什么要增加灶？"虞诩回答说："敌人见我灶日增，一定会以为郡中地方军队来迎接，就不敢来追赶我们了。孙膑减灶是为了示弱，我们增灶则是为了显示强大，彼此的环境条件不同。"虞诩凭着他的智慧，率领着部下顺利地到达了武都。

美国有一家制造牙膏的大企业，有一次召开员工大会，让大家出谋献策，如果谁能提出有价值的建议，奖励10万美元。大家在如何做广告，如何降低成本，如何改进配方，如何开发市场上出了不少点子，然而都没有提出什么创见性的意见。有一个青年员工写了一张纸条递给老板，条子上仅写了短短的一句话，老板一看，当即把10万美元奖给了这个青年。原来这个青年在纸条上写的是这样一句话：

把牙膏的开口扩大2毫米。

公司采纳了这一方案。随后不久，牙膏的销售量果然有了极大的增长。

人们在挤牙膏时，一般只注意挤出的长度而不计较其直径，而这位青年注意到了这一点，他知道，容量相等，开口加大，耗用即增多，该产品的销量也就会随之增大。于是，他的一个建议使牙膏厂获得了巨大的财富。看来，处处留心皆财富。

第四，转，即转换思路。解决问题时，碰到难以解决的问题，不要一条道走到黑，要学会转换思路。思路一变，问题就可能迎刃而解。

转向思考是帮助人们跳出思维框框，寻求问题解决之道的有效方式。

有的问题通过直接的方式就能解决，有的问题则不行。遇到不能用直接的方式解决的问题，不妨换一个思路，转换一下角度，难题可能就有答案了。

某大学准备建一座现代化的电教大楼，由张教授负责购买设备。一些厂家得知消息，纷纷派出营销人员上门拜访张教授，希望能购买他们厂的产品。

这些营销人员有的向张教授介绍他们厂的产品如何好，并邀请张教授吃饭；有的则暗示，如果能购买他们厂的产品，可以从中得到一笔可观的回扣。但推销的结果都没有成功。

有位姓王的营销员，却采取了与众不同的方法。他给张教授打电话说：我知道您是电化教学仪器设备方面的专家。所以有一件事希望您能帮点小忙。我们厂最近生产了一套电化教学方面的设备，在投入批量生产之前，我们想请您指导一下，看看哪些地方需要改进，哪些地方设计不太合理。我们知道您工作很忙，因此很乐意在您指定的任何时间，派车前往迎接。

张教授接到电话后，开始很惊讶，继而感到十分荣幸。因为，那些整天围着自己，要求买他们厂家产品的人，从没有向他请教过。不自觉中，张教授找到了自身的重要价值。他当即表示：本周末愿意前往。

张教授到了该厂之后，仔细观察了该厂的产品，还动手试着操作了一番。结果，只在一些小小的细节上提出一些改进意见。回校三天后，厂里接到张教授的电话：同意购买该厂的电教产品。

这位姓王的营销员的成功，就得益于他转换了一个角度。张教授本来是他的推销对象，现在转换成自己请教的老师。他从请教入手，使客户的自尊心得到了极大的满足，从而完成了工作任务。

某电视台请了一位商业奇才做嘉宾主持，观众们都想听听他的成功经验。但他却笑着说：“还是出个题考考你们吧。”于是，他出了下面一道题：“某地发现了一座金矿人们蜂拥而去。可是，一条大河挡住了必经之路。如果是你，你打算怎么办？”

有人说：“绕道走。”有人说：“游过去。”商业奇才含笑不语。直到最后，他说：“为什么非得去淘金，为什么不买一条船搞营运。”

看着观众惊讶的目光，商业奇才说：“那样的情况，就是把渡客‘宰’得只剩下一条短裤，他们也会心甘情愿。因为前面有金矿啊！”

真是不愧为商业奇才。他不趋众，不盲从，而是用敏锐的眼光从另一个角度看到了发财之路。这样的人怎么能不发财呢？

落实，遇到问题，也必须有敏锐的眼光，有异于他人的思维方式，能另辟蹊径。

第 16 章　具体执行的基本路径

正确的决策，需要有效的执行。有效执行关键要记住六个字：真知，笃行，求效。

组织的兴衰成败，取决于两大因素：一是决策是否正确；二是执行是否到位。决策的正确并不能保证组织的成功，成功的组织一定是在决策正确和执行有力上都到位。如果用两个公式来表示的话，那就是：100（决策）×0（执行）=0；0（决策）×100（执行）=0。换一句话讲，正确的决策，需要有效的执行。领导决策，就是通过执行而获得决策效果的。那么，面对上级的决策，如何才能有效执行呢？关键要记住六个字：真知，笃行，求效。

一、准确理解是执行的基础

执行，首先要正确地理解上级的决策。执行者在吃透精神、系统把握的基础上，坚决而忠实地予以执行。否则，理解错误，或者断章取义，就会南辕北辙。南辕北辙，即使执行者再卖力气，再下功夫也是一个失败的结果。

清朝雍正年间曾经发生过这样一件事：有一位名叫童华的人，从浙江调到苏州为知府。当时，皇帝下诏书，要清查自康熙五十一年（1712年）以来江苏地区拖欠的一千二百余万的税款问题。

江苏巡抚接到圣旨，认为应该严加追缴。于是，就要求欠税的人几天内要交清，否则，就予以逮捕。结果抓了一千多人。

童华请求宽限。巡抚大怒。斥责他说：“你敢违抗圣旨吗？”童华说：“我不是违抗圣旨，而是遵循执行圣旨。皇上知道有多年的欠税问题，他没有下令严加追查，而是下令清查。清查就是想弄清来历，查明原因。拖欠税款的原因是在官府呢，还是在民间？是应该征收的，还是应该减免的？搞清楚之后，奏请圣上裁决，这是圣旨的本意。现在如果我们不弄清楚圣上的本意，就要求老百姓将拖欠 15 年的税款马上交清，这是横征暴敛，不是清查。现在请您宽限我三个月，我们将情况搞清楚，登记造册，逐级上奏圣上。”（原文：“华非逆旨，乃遵旨也。皇上知有积欠，不命严追，而命清查，正欲晰其来历，查其委曲，或在官，或在民，或应征，或应免，了然分晓，奏请圣裁，诏书意也。今奉行者绝不顾名思义，徒以十五年积欠力求完纳，是暴征，非清查也。今请宽三月限，当部居别白，分牒以报。”《清史列传·童华传》）

巡抚答应了他的请求，释放了一千多人，并将江苏欠税的情况登记造册上奏朝廷。

当时，朝廷也听说江苏巡抚严查的事情。皇上很生气，下令要严加处理。后来听说巡抚改正了原来的做法，才赦免了他。圣旨的本意果然像童华所说的那样。

显而易见，在如何落实执行圣旨的问题上，巡抚与知府之所以出现严重的分歧，其原因就在于对皇上的旨意有着不同的理解。

巡抚认为“清查”，就是要严加追究；知府认为“清查”，是弄清来历，查明原因。

按照巡抚的理解，必定会造成横征暴敛、民怨沸腾、政局不稳的严重后果。幸亏童华说服了巡抚，让他纠正了落实执行中的错误行为。

二、执行时只能有一种声音

决策时，可以有多种声音，大家集思广益；但在执行时，只能有一种声音：坚决服从，令行禁止。服从，就是执行者在执行的过程中，不问为什么要我做，只想怎么做，怎么把它做好。

作为执行者，其服从，就是要服从上级，服从组织，服从制度，自觉地接受上级的管理，接受上级的领导。

如果是党员执行者，服从，就是要做到个人服从党的组织，少数服从多数，下级组织服从上级组织，全党各个组织和全体党员服从党的全国代表大会和中央委员会，坚决执行上级党组织的决定。

“四个服从”，最根本的就是全党服从中央。这就要求党员执行者从党性原则、人民利益的高度出发，在思想上政治上行动上同党中央保持高度一致，坚决服从中央的统一领导，决不能有令不行，有禁不止，搞阳奉阴违。

刘少奇同志《在扩大的中央工作会议上的报告》中曾经讲过下面的话：

有一个地方的党组织，曾经写信给中央说，他们要服从上级，但是，常常遇到这样的问题，如果服从了当地上级的规定，就违反了中央的政策；如果服从了中央的政策，就要违反了上级的规定。这个党组织要求党中央回答，他们应该服从哪一个上级？

这个党组织提的问题很重要。它所以提出这样的问题，就是因为某些地方，在执行中央政策和国家计划中存在着分散主义，就是因为在那里有一些同中央政策和国家计划相抵触的规定。怎么解决这个矛盾呢？唯一的道路，就是全党都要服从中央。”[1]

“党员个人服从党的组织，少数服从多数，下级组织服从上级组织，全党各个组织和全体党员服从党的全国代表大会和中央委员会”，是《党章》的规定，这种服从是无条件服从。

组织、多数、上级、中央的决策正确时自然要服从，如果不正确，或不完全正确，怎么办？《党章》规定：“对党的决议和政策如有不同意见，在坚决执行的前提下，可以声明保留，并且可以把自己的意见向党的上级组织直至中央提出。”

这就是说，在行动上必须服从，但可以向上级直至中央反映不同的意见，也可以保留个人的意见。这就是党的政治纪律和党内规矩。请看当年刘志丹是怎样做的：

1935 年 10 月，在王明“左”倾冒险主义统治党中央期间，西北根据地内发生了后果十分严重的“肃反”事件。刘志丹也成了肃反的对象。

10 月 6 日，正在前线的刘志丹无意间从瓦窑堡后方领导机关来的一位通信员的手中接到一封急信。他打开一看，竟是逮捕密令。密令逮捕陕甘边苏维埃政府主席习仲勋和原红二十六军、红二十七军大部分领导人的名单，他被列在第一名。

刘志丹对“左”倾冒险主义者这种迫害同志的卑鄙行径非常痛

1. 刘少奇：《在扩大的中央工作会议上的报告》，《刘少奇选集》下卷第 407 页。

恨，但是为了不使党分裂，不使红军自相残杀，不给敌人以可乘之机，他决定把个人的安危置之度外。他把信交还通信员后说："你把信送去，告诉他们，我自己去瓦窑堡了。"

他本想向中共中央驻西北代表团提出申诉，但他来到瓦窑堡之后，竟被"左"倾冒险主义者不容分辩地投入监狱。直到毛泽东、周恩来同志率领中央红军到达陕北根据地，刘志丹同志才重获光明。

当刘志丹伤痕累累地回到家时，他的妻子同桂荣哭着骂"左"倾分子太残酷无情。刘志丹劝她不要伤心，说这是党内矛盾，内部问题，不是敌我矛盾。

同桂荣说："不是敌我矛盾还把好人朝死里整哩……你有刀有枪，为什么不和他们斗争？"

刘志丹严肃地对她说："怎能这样说！这是党内问题。我们红军不能自相残杀。"

同桂荣问刘志丹："那你为甚不跑开，偏要来瓦窑堡。"刘志丹说："当时情况复杂，如果我带大队兵马离开，风声一走漏，军心会大乱。如果在军团部逮捕我，警卫人员会动武。所以我一人骑马离开部队到瓦窑堡与他们进行说理斗争，这就避免了党和军队的分裂，没给敌人以可乘之机。"

他还告诉同桂荣："党内问题不必性急，要忠诚为党工作，让党在实际行动中鉴定每个党员。大家不要再记前仇，应该想大局，想团结，在党中央的领导下，把革命工作做好，再不要提这回事了。"[1]

---

1. 王元慎："妻子心中的刘志丹"，《纵横》，2008 年 4 月 16 日。

刘志丹真的是坚决执行上级党组织的决定、维护党的团结统一的典范。他明明知道前往瓦窑堡凶多吉少，但为了避免党和军队的分裂，他对上级的决定还是在行动上坚决地服从。

2015 年 10 月《中国共产党纪律处分条例》（以下简称《纪律处分条例》）修订印发。《纪律处分条例》第 46 条规定，“妄议中央大政方针，破坏党的集中统一”属违纪行为。为什么禁止妄议中央大政方针？中纪委法规室的一位领导同志回答了这个问题。他说，党中央在制定重大方针政策时，通过不同的渠道和方式，充分听取有关党组织和党员的意见建议，但有些人“当面不说、背后乱说”，“会上不说、会后乱说”，“台上不说、台下乱说”，实际上不仅扰乱了人们的思想，有的还造成了严重后果，破坏了党的集中统一，妨碍了中央方针政策的贯彻落实，也严重违反了民主集中制的原则。无疑，应当按《条例》第 46 条规定给予相应的处分。

这就告诉党员领导者，中央大政方针确定之后，就要坚定不移地服从，并贯彻落实执行到位，而不能“妄议”，“妄议”就违反了党的纪律。违反了党的纪律将会受到相应的处分。

三、先做，做好，再做完美

服从，不是口头上的服从，而是要雷厉风行地去执行上级的决策。《孙子兵法》中有一个重要的原则，就是“兵贵神速”。执行上级的决策，要先做，做好，再做完美。

清朝人彭端淑著有《为学》一文，文章中讲的故事，会让我们受到启迪。

蜀之鄙有二僧，其一贫，其一富。贫者语于富者曰："吾欲之南海，何如？"富者曰："子何恃而往？"曰："吾一瓶一钵足矣。"富者曰："吾数年来欲买舟而下，犹未能也。子何恃而往！"越明年，贫者自南海还，以告富者。富者有惭色。

这段话的意思是说，四川边境有两个和尚，一个贫穷，一个富有。一天，穷和尚对富和尚说："我想去南海，你看怎么样？"

富和尚说："你靠什么去呢？"穷和尚说："我靠着一个水瓶和一个饭钵就足够了。"富和尚说："我几年来都想买船而南下，还没有能够去成。你靠什么能去！"到了第二年，穷和尚从南海回来了，把游历的过程告诉了富和尚，富和尚显出了惭愧的神色。

四川距离南海，有几千里路之遥，富和尚不能去，但是，穷和尚却到达了那里。看来，问题不在能不能去，而在是否真正行动。

常言道："路虽近，不行不至；事虽小，不做不成。"上级做出了正确的决策之后，执行者就要把握"速度制胜"的原则，立即行动。行动了，有百分之五十的希望，不行动百分之百没有希望。

行动不是盲目地行动，而应该是以目标为导向的行动。因此，执行者在执行时，一定要有结果思维。执行的关键不是做事，而是要把事情做成。

四、用细节保证执行的结果

执行上级的决策必须要认真，一步一个脚印地做事，而不能要小聪明，搞投机取巧。中国驻德国汉堡的一位副总领事曾经历过的一件事为认真做了诠释。

那是他刚来汉堡时，一次，他在限速的公路上超速了几秒钟，为的是越过前面德国人开的一辆车去转弯。转弯后，他发现被超过的这辆德国人开的车在他后面紧追不舍，一直追了一个半小时。

到了领事馆下车后，他问这个德国人为何一直跟着他。这个德国人说，我追了你一个半小时，就是想问你一句话，你为什么在限速的道路上要超速？

德国人的认真是举世闻名的。据说，有人想考验一下德国人的循规蹈矩，一丝不苟的情况。于是，他分别在两个电话亭上贴了“男”“女”的德文标志。

结果如何呢？结果是，德国人果然按照电话亭上的标志，男女各进各位。即使一边排着长队，另一边的电话亭是空的，也没有人违反这一规定。

认真，就要关注细节。否则，一着不慎，就会满盘皆输。1485 年，英国国王理查三世准备在波斯沃斯与奇蒙德伯爵亨利带领的军队决一死战。

这是一场决定谁将统治英国的战役。

战斗进行的当天早上，理查三世命令他的马夫备好自己最喜欢的战马。

理查跨上战马，率领着他的士兵冲向了敌人的阵地。

谁知，他还没有冲出一半，他身下的坐骑突然马失前蹄，跌倒在地。理查也随之而从马背上被掀了下来。

理查还没有来得及抓住缰绳，惊恐的战马就一跃而起，跳起来狂奔而去。

士兵们见理查跌翻在地，纷纷转身逃跑，亨利的军队包围了上来。

理查挥舞着宝剑，对着苍天大喊：“马！一匹马！我的国家倾覆就因为这一匹马。”

战斗结束了，理查成了俘虏。

理查三世的坐骑为什么在激烈的战斗中马失前蹄？原来，是他的马夫在匆忙中少给马掌钉了一个铁钉。莎士比亚的名句：“马，马，一马失社稷！”说的就是这件事。于是，便有了以下的说法：

少了一个铁钉，丢了一只马掌；

少了一只马掌，丢了一匹战马；

少了一匹战马，败了一场战役；

败了一场战役，失了一个国家。

一个国家统治权的丧失，就源于少了一个马掌钉。工作落实也是如此。千里之堤可以毁于蚁穴，九仞之山可以功亏一篑。

总而言之，成功离不开细节的积淀。细节虽“细”，但集腋能成裘，积土能成山。“细”中见精神，“细”中见功力，细节蕴藏着机会，细节保证着执行到位。

五、原则性灵活性有机结合

有个美国人去俄罗斯旅游。有一天，在俄罗斯的一条马路边上，他看到了一个奇怪的现象：

一个俄罗斯人拿着铲子在路边挖坑，每隔 3 公尺挖一个。他干得很认真，坑也挖得很工整。另一个工人却跟在他的后面，把他刚挖好的坑立刻回填起来，还踩得很结实。

美国人觉得奇怪，便问那一位挖坑的俄罗斯工人：“为什么你们一个挖坑，另一个马上便把坑给填起来呢？”

那个挖坑的工人回答道：“我们是在绿化道路。根据规定，我负责挖坑，第二个人负责种树，第三个人负责填土。不过，今天第二个人请假没来。”

这是一个冷笑话。这个冷笑话可以给我们这样的启示：机械地落实执行，其后果不亚于不落实、不执行。事实的确如此。北京某区，就发生过这样一件事情：

气象台预报某日有暴雪，区里有关部门立即开会，部署应对预案。根据应对预案，有的部门负责扫雪，有的部门负责撒盐。但这一日天气预报失误，天没下雪。可是撒盐车照常上路撒盐。听起来像个笑话，但是这个笑话很让人心里不舒坦。很显然，这就是机械执行的表现。

执行，必须具体问题具体分析，原则性与灵活性相结合。事实上，中央的每一项政策，都是面向全国 960 万平方公里、13 多亿人口的，不可能是解决每一个地方的具体措施。因此，执行，要把中央的精神和当地的实际紧密结合起来，创造性地开展工作。做到“不离上级谱，唱好自己的戏；学好北京话，说好地方话”。

主要参考书目

1. 刘彭芝：《人生为一大事而来》，高等教育出版社，2004 年 9 月版。

2. 彭志强、刘燕、王湘云：《卓越执行》，机械工业出版社，2005 年 7 月版。

3. 西武：《做事做到位》，中国民航出版社，2004 年 10 月版。

4. 吴甘霖：《方法总比问题多》，机械工业出版社，2006 年 1 月版。

5. 周永亮：《组织执行力》，中国发展出版社，2005 年 4 月版。

6.（美）莎莉·汉尼伯格：《执行在中层》，石晓军译，机械工业出版社，2006 年 1 月版。

7. （美）杰拉尔德·W·福斯特：《责任制造结果》，陈小龙译，中信出版社，2003 年 12 月版。

8. 王健：《超越性思维》，复旦大学出版社，2003 年 9 月版。

9. 刘玉瑛：《领导者公信力》，新华出版社，2010 年 12 月版。

10. 霍德·J，迟双明：《把工作落实到位》，九州出版社，2004 年 12 月版。

11. 朱兵：《第一流的管理》，中国发展出版社，1997 年 2 月版。

12. 刘玉瑛：《与领导干部谈担当》，新华出版社，2015 年 6 月版。